高职高专汽车制造类立体化创新教材

汽车综合故障诊断

（配任务工单）

主　编　邓　璘　张俊峰
副主编　祖松涛　李穗平　于星胜
参　编　马良琳　杨正荣　林　波

机械工业出版社

《汽车综合故障诊断》编写的主要内容来自于汽车维修技师工作岗位实践，由汽车维修行业企业专家和课程专家对汽车维修技师岗位工作任务进行分析，制订各岗位能力标准，并进行分解细化，提取典型工作任务。

本书主要包括汽车故障诊断概论、汽车发动机故障诊断、汽车底盘故障诊断、汽车车身电气系统故障诊断、网络通信系统故障诊断共5个学习项目，每个学习项目又分为了多个任务单元。

本书可作为高等职业学校汽车专业教材以及中等职业学校和其他职业培训学校的教材，也可以作为汽车维修人员的培训教材和学习汽车维修知识读者的参考书。

图书在版编目（CIP）数据

汽车综合故障诊断：配任务工单 / 邓璘，张俊峰主编 . — 北京：机械工业出版社，2020.10（2024.1 重印）
高职高专汽车制造类立体化创新教材
ISBN 978-7-111-66571-7

Ⅰ.①汽… Ⅱ.①邓… ②张… Ⅲ.①汽车—故障诊断—高等职业教育—教材
Ⅳ.① U472.42

中国版本图书馆 CIP 数据核字（2020）第 179851 号

机械工业出版社（北京市百万庄大街 22 号　邮政编码 100037）
策划编辑：李　军　责任编辑：李　军
责任校对：张　征　封面设计：马精明
责任印制：郜　敏
北京富资园科技发展有限公司印刷
2024 年 1 月第 1 版第 9 次印刷
184mm×260mm・12.5 印张・307 千字
标准书号：ISBN 978-7-111-66571-7
定价：39.90 元

电话服务　　　　　　　　网络服务
客服电话：010-88361066　机　工　官　网：www.cmpbook.com
　　　　　010-88379833　机　工　官　博：weibo.com/cmp1952
　　　　　010-68326294　金　书　网：www.golden-book.com
封底无防伪标均为盗版　　机工教育服务网：www.cmpedu.com

编委会

主　任：张俊峰（重庆电子工程职业学院）
副主任：翟候军（重庆长安汽车股份有限公司）
　　　　陈红鹰（上汽依维柯红岩商用车有限公司）
　　　　罗永前（重庆电子工程职业学院）
编　委：陈心赤（重庆电子工程职业学院）
　　　　王　勇（重庆电子工程职业学院）
　　　　李　慧（重庆电子工程职业学院）
　　　　邓　璘（重庆电子工程职业学院）
　　　　刘云云（重庆电子工程职业学院）
　　　　徐　计（重庆电子工程职业学院）
　　　　于星胜（哈尔滨职业技术学院）
　　　　杨正荣（贵州装备制造职业学院）
　　　　张书诚（安徽职业技术学院）
　　　　林　波（重庆科创职业学院）
　　　　张　敏（哈尔滨职业技术学院）
　　　　吴厚廷（贵州装备制造职业学院）
　　　　于志刚（成都工业职业技术学院）
　　　　刘阳勇（重庆交通职业学院）
　　　　黄再霖（贵州装备制造职业学院）
　　　　杨　谋（重庆电讯职业学院）
　　　　张玉平（重庆工业职业学院）
　　　　林铸辉（贵州装备制造职业学院）
　　　　张洪书（重庆电讯职业学院）
　　　　张谢源（贵州装备制造职业学院）
　　　　陈廷稳（贵州装备制造职业学院）
　　　　陈　旭（重庆长安汽车股份有限公司）
　　　　张桂乾（重庆长安汽车股份有限公司）
　　　　曹怀宾（重庆长安汽车股份有限公司）
　　　　李　成（重庆电子工程职业学院）
　　　　徐跃进（重庆电子工程职业学院）
　　　　刘竟一（重庆电子工程职业学院）
　　　　谢吉祥（重庆电子工程职业学院）
　　　　陈卫东（重庆电子工程职业学院）
　　　　魏健东（重庆电子工程职业学院）
　　　　赵　军（重庆电子工程职业学院）
　　　　陈双霜（重庆电子工程职业学院）
　　　　姚晶晶（重庆电子工程职业学院）
　　　　刘红玉（重庆电子工程职业学院）
　　　　祖松涛（重庆电子工程职业学院）
　　　　李穗平（重庆电子工程职业学院）
　　　　马良琳（重庆电子工程职业学院）
　　　　李　蕊（重庆电子工程职业学院）
　　　　邓家彬（重庆电子工程职业学院）
　　　　周　均（重庆电子工程职业学院）
　　　　徐凤娇（重庆电子工程职业学院）

丛书序

2019年1月，国务院颁发《国家职业教育改革实施方案》，推进职业教育领域"三全育人"综合改革试点工作，使各类课程与思想政治理论课同向同行，努力实现职业技能和职业精神培养高度融合。建设一大批校企"双元"合作开发的国家规划教材，倡导使用新型活页式、工作手册式教材并配套开发信息化资源。2019年12月，教育部、财政部公布《中国特色高水平高职学校和专业建设计划建设单位名单》后，为了满足重庆电子工程职业学院等双高建设院校的建设要求，我们依托全国职业院校装备制造类示范专业点——重庆电子工程职业学院汽车制造与装配技术专业，联合重庆长安汽车股份有限公司等大型汽车制造企业加快了本系列丛书的开发进度。

本丛书结合汽车整车制造企业的生产全过程，以汽车车身制造技术、汽车整车装配与调试、汽车检测技术和汽车综合故障诊断等课程为主线，以汽车构造、汽车电控系统诊断与调试、汽车制造工艺技术、汽车生产质量管理、汽车制造安全技术和汽车制造物流技术等课程为辅助，以汽车三维设计、汽车数据采集与处理和汽车试验技术等课程为拓展，全面介绍汽车制造过程的冲压、焊接、涂装、总装四大工艺，以及下线检测、整车调试、生产安全、生产技术、质量管控、生产物流等制造知识，同时拓展学生在汽车设计、逆向工程、数据处理和汽车试验等方面的应用知识，为学生今后从事汽车制造中的设计、调试、试验和管理等相关工作打下良好基础。

本丛书主要特色如下：

1. 知识的全面性

在制定本丛书各教材的知识框架时，就将写作的重心放在体现知识的全面性上，因此从各教材提纲的制定到内容的编写都力求将课程所涉及的专业知识全面囊括。

2. 知识的实用性

本丛书由高职院校具有丰富教学经验的教师和汽车制造企业具有丰富工作经验的一线技术人员及管理人员共同编写而成，具有很强的实用性。此外，每个项目中均会根据知识点安排若干个工作过程，让学生从汽车制造实际出发，通过书中的知识点，解决现实中遇到的问题。

3. 知识的灵活性

本丛书中各教材的每一个知识点都匹配了相应的学习任务，学生可以通过不同类型的学习任务，来学习并掌握书中的知识。

4. 知识的直观性

本丛书中各教材的每一类知识点均录制了各种形式的微课视频，学生通过扫描二维码即可观看生动的视频资源来学习相关知识内容。

本丛书根据汽车制造领域（即汽车前市场）的设计、生产、工艺、试验和管理等岗位需求搭建人才培养体系，有效融入了课程思政的育人理念，可作为高职高专院校、应用技术型本科院校、中等职业学校、技工学校的教材，也可作为企业的培训教材，推动汽车制造全产业链的应用技术人才培养。

由于编写经验有限，本丛书难免存在疏漏，欢迎读者提出宝贵意见，以便我们在今后进行补充和改进。

编　者

前言

随着汽车工业的发展以及全民经济水平的提高，私家车逐渐成为汽车消费主体，从1998后，汽车开始进入家庭并快速增长，汽车市场保有量提高，汽车售后服务行业从业人员的自身素质也要随之提高。为促进我国现代汽车服务行业的繁荣，汽车维修行业得到了国家和地方政府的高度重视。

《汽车综合故障诊断》依托重庆电子工程职业学院"汽车综合故障诊断"在线开放课程的建设，编者针对当前中高职职业教育的特点，以适当、够用的原则编写了本书，本书具有以下特点：

1）本书根据实际工作任务，以案例导入为主，分析故障原因，提出解决方法。

2）在一些具体的典型故障案例中增加了故障总结，起到画龙点睛的作用。

3）每一项目都有相应的理论知识及实际操作的题目，方便读者检验对理论知识的掌握程度与实际操作运用的能力。

4）每个学习任务都配备了任务工单，方便进行教学。

5）针对课程思政教学，本书配备了相应的课程思政案例，可供参考。

本书由长期从事高等职业院校汽车专业教学的重庆电子工程职业学院汽车专业教学一线骨干教师与汽车维修行业企业骨干技术人员通力合作编写而成。全书共5个项目，其中项目1由哈尔滨职业技术学院于星胜和贵州装备制造职业学院杨正荣编写，项目2由重庆电子工程职业学院邓璘编写，项目3由重庆电子工程职业学院祖松涛和重庆科创职业学院林波编写，项目4由重庆电子工程职业学院张俊峰编写，项目5由重庆电子工程职业学院李穗平和马良琳编写。在编写过程中得到了其他众多行业专家的帮助和指导，参考和采用了相关专业文献和专家的建议，在此一并表示感谢。

由于编者水平所限，加之时间仓促，书中如有不妥之处，恳请读者提出宝贵意见，以便再版时修订。

编 者

目录

丛书序
前言

项目1 汽车故障诊断概论 1

1.1 汽车故障诊断原理 2
1.1.1 汽车故障的分类 2
1.1.2 汽车故障的成因 3
1.1.3 汽车故障诊断原则 3

1.2 汽车故障诊断基本方法 4
1.2.1 人工诊断法 4
1.2.2 故障自诊断法 6
1.2.3 仪器设备诊断法 6
1.2.4 试验法 7

1.3 汽车故障诊断基本流程与注意事项 8
1.3.1 汽车故障诊断基本流程 8
1.3.2 汽车故障诊断注意事项 10

项目2 汽车发动机故障诊断 12

2.1 电子控制燃油喷射系统的故障诊断 13
2.1.1 发动机无法起动的故障诊断 13
2.1.2 混合气过浓的故障诊断 18
2.1.3 混合气过稀的故障诊断 19
2.1.4 怠速不良的故障诊断 20
2.1.5 加速不良的故障诊断 23
2.1.6 动力不足的故障诊断 24
2.1.7 减速不良的故障诊断 26

2.2 点火系统的故障诊断 28
2.2.1 无分电器微机控制点火系统高压不跳火的故障诊断 28

  2.2.2 发动机爆燃的故障诊断 ………………………………… 29

2.3 润滑系统的故障诊断 ……………………………………… 31
  2.3.1 发动机机油压力过低的故障诊断 …………………… 31
  2.3.2 发动机机油压力过高的故障诊断 …………………… 34
  2.3.3 发动机机油消耗过大的故障诊断 …………………… 34
  2.3.4 机油变质的故障诊断 ………………………………… 36

2.4 冷却系统的故障诊断 ……………………………………… 37
  2.4.1 冷却液充足但发动机过热的故障诊断 ……………… 37
  2.4.2 冷却液不足引起发动机过热的故障诊断 …………… 40
  2.4.3 发动机突然过热的故障诊断 ………………………… 41

2.5 起动系统的故障诊断 ……………………………………… 42
  2.5.1 发动机不能起动的故障诊断 ………………………… 42
  2.5.2 发动机起动困难的故障诊断 ………………………… 44
  2.5.3 起动系统不运转的故障诊断 ………………………… 45
  2.5.4 起动系统运转无力的故障诊断 ……………………… 46
  2.5.5 起动机空转的故障诊断 ……………………………… 47

2.6 发动机异响的故障诊断 …………………………………… 48
  2.6.1 发动机异响的类型与原因 …………………………… 48
  2.6.2 曲柄连杆机构异响的故障诊断 ……………………… 52
  2.6.3 配气机构异响的故障诊断 …………………………… 53

项目 3　汽车底盘故障诊断 ……………………………… 56

3.1 传动系统的故障诊断 ……………………………………… 57
  3.1.1 离合器打滑的故障诊断 ……………………………… 57
  3.1.2 离合器分离不彻底的故障诊断 ……………………… 60
  3.1.3 离合器异响的故障诊断 ……………………………… 62
  3.1.4 手动变速器的故障诊断 ……………………………… 63
  3.1.5 自动变速器的故障诊断 ……………………………… 66
  3.1.6 驱动桥的故障诊断 …………………………………… 70

3.2 转向及行驶系统的故障诊断 ……………………………… 75
  3.2.1 汽车转向沉重的故障诊断 …………………………… 76
  3.2.2 汽车行驶摆振的故障诊断 …………………………… 77
  3.2.3 汽车行驶跑偏的故障诊断 …………………………… 79

3.2.4　汽车轮胎异常磨损的故障诊断 …………………………… 80
　　3.2.5　汽车电控悬架的故障诊断 ………………………………… 82

3.3　制动系统的故障诊断 ……………………………………… 84
　　3.3.1　汽车制动失效的故障诊断 ………………………………… 84
　　3.3.2　ABS 的故障诊断 …………………………………………… 85
　　3.3.3　汽车制动跑偏的故障诊断 ………………………………… 87
　　3.3.4　汽车制动拖滞的故障诊断 ………………………………… 88

项目 4　汽车车身电气系统故障诊断 …………………………… 91

4.1　汽车空调系统的故障诊断 ………………………………… 92
　　4.1.1　空调完全不制冷的故障诊断 ……………………………… 92
　　4.1.2　空调制冷不足的故障诊断 ………………………………… 98
　　4.1.3　压缩机不能正常自动停转的故障诊断 …………………… 103
　　4.1.4　空调系统异响的故障诊断 ………………………………… 104
　　4.1.5　空调不制热的故障诊断 …………………………………… 105

4.2　汽车安全系统的故障诊断 ………………………………… 108
　　4.2.1　安全气囊的故障诊断 ……………………………………… 108
　　4.2.2　安全带的故障诊断 ………………………………………… 110
　　4.2.3　中控门锁控制系统的故障诊断 …………………………… 111
　　4.2.4　防盗系统的故障诊断 ……………………………………… 112

4.3　ESP 的故障诊断 …………………………………………… 114
　　4.3.1　ESP 的故障分析 …………………………………………… 114
　　4.3.2　ESP 故障维修案例 ………………………………………… 117

4.4　汽车舒适性系统的故障诊断 ……………………………… 121
　　4.4.1　电动车窗的故障诊断 ……………………………………… 121
　　4.4.2　电动后视镜的故障诊断 …………………………………… 123
　　4.4.3　电动座椅的故障诊断 ……………………………………… 124

项目 5　网络通信系统故障诊断 ………………………………… 127

5.1　CAN 总线系统的故障诊断 ………………………………… 129
　　5.1.1　CAN 总线系统的故障原因 ………………………………… 129
　　5.1.2　CAN 总线系统的检测 ……………………………………… 130
　　5.1.3　CAN 总线系统的故障案例 ………………………………… 135

5.2　LIN 总线系统的故障诊断 …………………………………………… 141
  5.2.1　LIN 总线系统的故障原因 ……………………………………… 141
  5.2.2　LIN 总线系统的故障案例 ……………………………………… 142

附录　诊断记录表 …………………………………………………………… 145

参考文献 ……………………………………………………………………… 146

项目 1
汽车故障诊断概论

任务描述

客户李先生有一辆行驶将近 10 万 km 的轿车。某天在行驶过程中，轿车突然熄火，重新起动却不能着车，维修技师该如何对该车出现的故障进行检测诊断呢？

学习目标

1. 能正确理解汽车故障的分类
2. 能正确理解汽车故障的成因
3. 能正确理解汽车故障诊断的原则
4. 能掌握汽车故障诊断的基本方法
5. 能掌握汽车故障诊断的基本流程
6. 能掌握汽车故障诊断的注意事项

知识与技能点清单

序号	学习目标	知识点	技能点
1	能正确理解汽车故障的分类	1. 按故障发生的部位分类 2. 按故障发展的过程分类 3. 按故障发生的频次分类 4. 按故障的影响程度分类	能正确辨别按照不同标准分类的故障类型
2	能正确理解汽车故障的成因	1. 人为故障 2. 自然故障	1. 人为故障的原因有哪些 2. 自然故障的原因有哪些
3	能正确理解汽车故障诊断的原则	汽车故障诊断基本规则	能正确理解汽车故障诊断的基本原则
4	能掌握汽车故障诊断的基本方法	1. 人工诊断法 2. 故障自诊断法 3. 仪器设备诊断法 4. 试验法	能掌握汽车故障诊断的各种方法
5	能掌握汽车故障诊断的基本流程	1. 掌握汽车故障诊断的基本流程 2. 掌握各个流程的方法与技巧	1. 能掌握汽车故障诊断的基本流程 2. 能掌握各个流程的方法与技巧
6	能掌握汽车故障诊断的注意事项	汽车故障诊断的注意事项	能掌握汽车故障诊断的注意事项

学习信息

1.1 汽车故障诊断原理

汽车在使用过程中不可避免地要发生故障,汽车的动力性、经济性、操纵稳定性、安全环保性能等均会有不同程度的下降。汽车故障有的是突发性的,有的是逐渐形成的,当汽车发生故障时,应当利用维修经验和理论知识,快速准确地分析出故障原因,查明故障部位,找到损坏的零部件,并熟练排除故障。

微课视频
汽车故障分类及成因

1.1.1 汽车故障的分类

由于汽车结构复杂,各零部件间配合紧密,并且使用环境比较恶劣,所以汽车在行驶过程中会出现各种各样的故障现象。根据不同的分类标准,故障现象可以分为不同的类型。

1. 按故障发生的部位分类

可分为整体性故障和局部性故障。

1）整体性故障指汽车达到设计寿命后，因汽车整体部件失效、老化导致的整体性能故障，表现为汽车动力性、安全性、可靠性和经济性等综合性能指标整体下降。

2）局部性故障指汽车某个部分或某个部件出现的故障，该部分功能不能实现，但其他部分仍功能良好。

2. 按故障发展的过程分类

可分为突发性故障和渐进性故障。

1）突发性故障指发生前没有任何的征兆，故障现象突然发生。突发性故障是各种不利因素和偶然的外界影响共同作用造成的。

2）渐进性故障指故障现象的发生是循序渐进、由弱到强的。这种故障现象通常是初期能觉察到的，随着使用时间的延长而逐渐增强，具有明显的量变特征。渐进性故障可以在初期就予以诊断检修，排除故障。

3. 按故障发生的频次分类

可分为偶发性故障和多发性故障。

1）偶发性故障指故障现象出现的概率非常低，发生次数极少。

2）多发性故障指故障现象出现的概率非常高，经常发生。

4. 按故障的影响程度分类

可分为部分故障和完全故障。

1）部分故障指汽车某项功能丧失部分工作能力，使用性能降低但功能并没有完全丧失。如制动性变差、空调温度调节缓慢等。

2）完全故障指汽车某项功能完全丧失，如制动完全丧失、空调系统完全不能工作等。

1.1.2　汽车故障的成因

汽车故障是指汽车部分或全部丧失工作能力的现象，根据造成故障原因的不同，通常将汽车故障分为人为故障和自然故障两种。

1. 人为故障

1）驾驶人驾驶水平低，驾驶过程中操作不当。

2）驾驶人不按操作规程使用车辆，超重、超速行驶，使用不符合规定的燃油、机油等，驾驶过程中发现异常而不及时处理。

3）驾驶人不按期对车辆进行保养和维护，不定时对汽车进行检测。

4）维修人员未严格按照规范进行维护检修，使用了不合格零件或者违反装配技术要求。

2. 自然故障

1）汽车本身质量存在问题，如零件材料不佳、强度不够，汽车设计存在问题。

2）汽车部件自然磨损、腐蚀、变质或老化等引起的故障。

1.1.3　汽车故障诊断原则

汽车的许多总成或零件都是相互关联的，每一个部件的正常工作都与相关联的其他部件有关，这就为汽车故障的正确诊断带来很大的困难。维修人员应根据汽车的构造、工作原理、材料的性能、汽车装配要求和故障现象等一系列因素，用理论知识联系实践经验，进行条理性、系统性的检查判断。

故障诊断一般遵循四项基本原则：

1）先简后繁、先易后难。

2）先思后行、先熟后生。

3）先上后下、先外后内。

4）先备后用、代码优先。

先简后繁：应先检查能用简单方法检查的故障部位。如利用人的感官问、看、触、听、嗅等直观检测方法，判断较为明显的故障部位。

先易后难：如发动机的故障现象通常是由于某些总成部件的工作状态引起的，应先对常见故障部位进行检测判断，然后再对其他不常见的故障部位进行检测判断。

先思后行：对故障现象先进行综合性的分析判断，在初步了解故障原因时再动手进行检测，避免盲目地对故障进行检测。

先外后内：如发动机出现故障时，先对故障现象对应的可疑外围件进行检测，然后再检测电控系统，最后检测发动机内部结构。

代码优先：现代汽车都设置有故障警告系统，当汽车某部位工作异常时会通过仪表板上故障警告灯提醒或警告驾驶人。维修人员对汽车故障进行检测时，应先用故障诊断仪读取故障码信息，然后按照故障码信息对车辆故障进行排除。

1.2 汽车故障诊断基本方法

在进行汽车故障诊断之前，首先要与客户做好充分的沟通交谈，询问客户故障发生的整个过程、汽车的使用情况和维护保养情况等。这有助于维修人员进行初步的判断，并有针对性地检测相关的部件。

汽车诊断方法多种多样，所有的诊断方法都是相辅相成的。灵活运行各种诊断方法，方可快速、准确地判断出汽车故障原因。

微课视频
汽车故障诊断基本方法

1.2.1 人工诊断法

人工诊断法是检测人员根据丰富的维修经验和一定的理论知识，在不拆卸汽车部件或局部地拆卸个别部件的情况下，借助简单的检测方法，主要包括眼看、耳听、手摸、鼻嗅等，进行检测、实验、分析和确定故障原因的诊断方法。人工诊断法是汽车故障诊断最传统也是最基本的诊断方法。犹如中医看病时需要的"望闻问切"。

1. 看

"看"是检测人员通过肉眼或借助放大镜、内窥镜等设备对汽车各部位进行观察，查看是否存在异常现象。汽车内窥镜如图1-1所示。

故障诊断过程中"看"的项目主要有如下几种：

1）看汽车仪表各故障指示灯、警告灯的显示情况。

2）看发动机机油、变速器油、制动液、冷却液等液面是否正常，有无泄漏现象，颜色是否正常。

3）看发动机的尾气颜色是否正常。

图1-1 汽车内窥镜

4）看各运动部件和连接部件有无松动、脱落、断路和变形情况。

5）看线路是否有破损、弯曲和折断现象，导线接插处是否有脱落、松动现象，以及接线端子处是否有锈蚀现象。

6）看油管和气管是否有弯曲、变瘪和破裂现象。

7）看各操纵杆、拉杆、拉线等是否存在调整过松或过紧的现象。

上述所列的项目比较多，但是在实际故障诊断中不需要把所有项目都进行查看，只需查看具体故障发生的区域，以及与故障相关的区域或项目。

2. 摸

"摸"是检测人员通过人手触摸感受机件的温度变化、振动和压力等情况。故障诊断过程中"摸"的项目主要有如下几种：

1）感觉发动机冷却液温度和油温、变速器油温是否正常。（注意发动机工作时冷却液温度和油温较高，不可随意触摸，只有在了解结构和原理、具有一定的经验的条件下才能运用此法）

2）把手放到空调出风口附近，感觉空调工作时出风口温度变化，查找空调系统故障现象。

3）用手感觉电器元件表面温度，看是否有过热现象。

4）用手感受喷油器、电动机等部件的振动情况，判断其是否正常工作。

5）用手感觉机油、自动变速器油、齿轮油等油液黏度以及感觉油液中是否存在杂质，判断油液品质。

6）用手触摸各部件摩擦面，检查摩擦面磨损情况。

7）用手感觉离合器、制动鼓或制动盘工作时的温度，判断是否存在离合器打滑、制动拖滞现象。

3. 听

"听"是通过耳朵或借助听诊器监听故障部位发出的声响，根据声响的异常情况判断故障的类型与原因。"听"主要用于检查汽车机械部分异响等故障类型。汽车听诊器如图1-2所示。

故障诊断过程中"听"的项目主要有如下几种：

1）发动机、离合器、变速器、主减速器等异响。

2）转向系统、制动系统、悬架系统、车身车轮等在行驶过程中的异响。

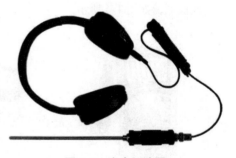

图1-2 汽车听诊器

3）传动带打滑异响。

4）听继电器、电磁阀等部件是否有接通工作的声音。

听诊要注意在不同工况条件下交叉诊断，综合分析和考虑。

4. 嗅

"嗅"是通过用鼻子闻汽车各部位产生的异常气味，初步判断故障部位与类型。故障诊断过程中"嗅"的项目主要有如下几种：

1）由发动机排放的尾气有无异味判断发动机工作情况。

2）由发动机机油、自动变速器油等油液有无异味判断油液的品质和相关部位的工作情况。

3）由导线热熔化、外皮烧焦产生的焦煳味判断导线是否短路等故障。

4）由离合器压盘、摩擦片等非金属材料产生的焦煳味判断离合器是否打滑、制动系统是否存在拖滞现象。

1.2.2 故障自诊断法

汽车电控系统处于良好工作状态时，电控单元可随时监控和分析汽车各部位、各个传感器产生的信号。电控单元发现异常情况便会通过仪表板上故障提示或警告灯发出信号，并储存相应的故障码。

故障自诊断法是使用汽车故障诊断仪读取故障码，然后查找汽车厂家提供的与故障码相对应的故障现象表和故障诊断流程表进行故障诊断。汽车故障诊断仪在自诊断分析过程中除了能读取故障码外还读取数据流。故障码可以定性地表示出故障点的部位和类型，数据流可以定量地显示故障参数的变化。如图 1-3 所示。

图 1-3　汽车故障诊断仪

1.2.3 仪器设备诊断法

仪器设备诊断法是检测维修人员利用各种诊断和检测设备在不拆卸汽车或少拆卸的情况下对汽车各个部件进行检测的方法。在实际故障诊断过程中根据所需的检测项目选择相应的设备进行故障检测。比如发动机进气歧管可能存在漏气现象时，可以通过用真空表检测进气歧管的真空度来判断进气歧管是否漏气。

汽车诊断和检测的设备常用的有万用表、气缸压力表、燃油压力表、示波器、真空表和红外测温仪等，如图 1-4 所示。

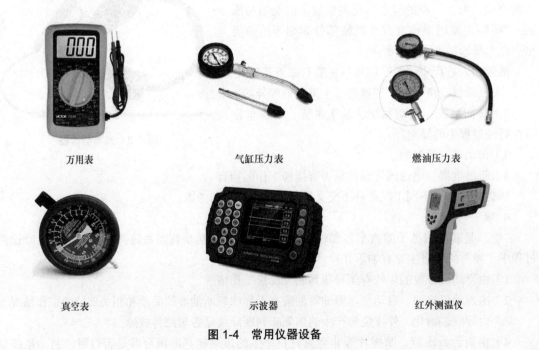

万用表　　　　　　气缸压力表　　　　　　燃油压力表

真空表　　　　　　示波器　　　　　　红外测温仪

图 1-4　常用仪器设备

1.2.4　试验法

试验法指采用一定的替换或模拟方法围绕故障进行相应的试验，从而确定故障部位与故障类型。常用的试验法有如下几种：

1. 互换、替换试验

1）互换试验是将同一车上可能存在故障的部件与其他相同的部件进行互换，如果故障转移到与其互换的部位，则说明可能存在故障的部件确实有故障。如单缸独立点火发动机可能由于三缸点火线圈存在故障而造成三缸不工作时，将三缸点火线圈与二缸点火线圈进行互换，如果故障转移到二缸，则说明原三缸点火线圈存在故障。

2）替换试验法是将汽车上可能存在故障的部件用一个相同完好的部件替换。如果故障消失，则说明原部件存在故障。

2. 断路、短路法

1）断路法是将可能存在故障的电器或电路的连线断开后观察结果，并与未断开时进行比较的方法。

2）短路法是将可能存在故障的电器或电路部分短路后观察结果，并与短路前进行比较的方法。

3. 试灯法

试灯法是将带电源或不带电源的试灯接到可能存在故障的电路中，通过观察试灯是否点亮或者闪烁情况来判断故障部位和原因。带电源的试灯常用于模拟脉冲触发信号，不带电源的试灯常用于检查电器或电路的通断、短路故障。如图1-5所示。

4. 振动试验法

当某部件可能由振动导致故障发生时，常用振动试验法进行故障诊断。主要是在水平和垂直方向上小幅度缓慢摆动插接器、线束、导线插头等部位，用手轻拍传感器、执行器、开关等部件。操作时不可用力过大，以免对电路或电子元器件造成损坏，并注意观察被检测装置的工作反应。

图1-5　二极管试灯

5. 加热、加湿试验法

1）加热法指当故障可能是由于某传感器、线束等部件受热所致时，用热吹风机或加热器等设备对该部件进行局部加热，观察故障是否再次出现。注意不可直接加热ECU中的电子元器件，加热温度不可高于80℃。

2）加湿法指由于雨天或环境湿度较大引起汽车故障时，可将水喷洒在汽车顶部或散热器前面，观察故障是否再次出现。

6. 隔离试验法

隔离试验法指将某些系统或部件进行隔离，使其停止工作，然后通过故障现象的变化情况判断故障部位和故障类型的方法。如隔离某电器元件或线路时故障消失，则说明故障在被隔离的元器件或线路上；拆除某部件后故障消失，则说明故障在被拆除的部件上。

案例1　工作不严谨引发安全事故的思考

汽车的维修要求相当严格，如果稍有不注意就会引起大事故。由于我国的汽车维修行业处于发展阶段，汽车修理工的水平参差不齐，有的年龄很小就进入了汽车维修行业，看起来大有前途，但是也存在很大的潜在风险。

前一段时间，某修理厂要维修一辆路虎极光。车主反映该车一直是加速没劲。维修人员就用汽车诊断仪为其诊断，果然有故障码，显示是油路问题。经过与车主协商，车主同意把汽油滤芯拆下来看看。由于这辆车的汽油滤芯与汽油泵为一体式的，但是油泵在上面又没有空隙，所以必须要把油箱整个拆掉才能取出来。这辆车拆油箱特别麻烦，要把传动轴拆掉，隔热板拆掉，排气管拆掉，才能让油箱露出来。油泵刚好在分动器上。把前面的部件全部拆掉之后，要把旁边的加油管子拔掉，最后拆油箱固定螺钉，两个人配合才能把油箱抬下来。接下来就是油泵的拆卸了，在下边更方便一些。这个可是费了九牛二虎之力才拿出来的。然后要做的就是把汽油滤芯拿出来，进行清洗或者更换。通过仔细观察这个汽油泵，以前有人拆过，更换过泵芯。因为整体更换这个汽油泵特别昂贵，所以有的修理工就为了省钱，就单独更换一个泵体。但是更换是可以更换，但千万不要弄巧成拙。

通过认真的分析观察，发现有两根黑黄线特别不对劲。由于这个泵芯更换起来特别麻烦，上边的焊锡清晰可见，旁边用的扎丝进行汽油管加固。如果是专业的维修人员就会发现很大的问题，油泵线的插头上明明标有正负极，上一位修理工硬是把油泵的正负极接反。难怪人家车主会感觉到加速无力，油泵的正负极接反肯定油压达不到，供油不足，引起加速无力。这个看似一个小问题，但是从油泵的主插头里，却能清晰地看到有烧蚀的痕迹。这油泵可是放在油箱里边的部件，插头一直在油箱里浸泡着。由于油泵正负极接反，插头出现烧蚀，这可是特别危险的。万一在加满油的时候，出现烧蚀插头，那整个油箱都会爆炸，想一想这是多么可怕的一件事。维修人员看到这个问题果断地把油泵及滤芯都给换掉，以免出现其他问题。最后，在这里告诫大家，如果您的爱车出现油泵的问题，一定要谨慎地去修理，不要贪图省钱，而害了自己。也希望广大修理工朋友，在修车时要做到一丝不苟、严谨、专业，负责任地对待每一辆汽车。

1.3　汽车故障诊断基本流程与注意事项

汽车故障诊断是一项烦琐而复杂的工作，在检测维修过程中，某些不正当的操作流程或操作手段都会给故障的正确诊断和维修带来麻烦，甚至会造成新的故障出现。因此在故障诊断和维修过程中应严格按照技术规范流程进行操作，并且注意诊断和维修方式。

1.3.1　汽车故障诊断基本流程

汽车故障诊断基本流程是汽车故障诊断中最基础的过程，是对诊断内容的最基础概括和总结。汽车故障诊断基本流程如图1-6所示。

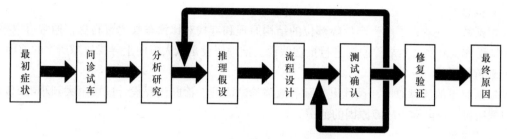

图 1-6　汽车故障诊断基本流程图

1. 最初症状

最初症状指汽车出现的故障现象和特征，检测维修人员能详细并准确地了解汽车故障现象非常重要。只有详细准确地了解了汽车故障现象，检测维修人员才能对症下药，确定诊断的方向，提高诊断效率。

2. 问诊试车

（1）问诊

问诊是检测维修人员向车主询问汽车故障情况的过程。通过问诊环节，维修人员一般可以确定故障诊断的方向，甚至可以锁定故障范围。问诊通常包括以下问题：

1）故障发生的时间，地点和当时汽车所处的状态。

2）故障发生之前有无其他征兆，是否伴随着其他性能的变化。

3）故障发生的频次和严重程度，之前是否进行过相关方面的维修。

4）该车的保养维修记录和汽车是否有线路或零部件的改装记录。

除此之外，必要是还需了解车主的驾驶习惯，汽车经常行驶的道路情况以及该车加注的燃油标号、品质和添加剂的使用情况。

注意问诊时维修人员要掌握一定的技巧，提问问题时要循序渐进，使车主容易理解。防止车主因不理解问题而给出错误的描述，增加故障诊断的困难。

（2）试车

试车是检测维修人员对汽车故障现象和特征的实际验证和进一步确认，防止由于车主对故障的描述不准确而产生误诊，也为进一步的故障分析做准备。试车环节，检测维修人员应该做到如下几点：

1）维修人员应该在故障现象出现时，仔细观察汽车在各种工况条件下，故障部位的工作状态和故障现象的变化情况，并做好记录。

2）完整的试车应包括汽车的各种性能试验过程和各种工况下汽车的运行状况。以便检查是否存在车主未发现的其他故障现象。

3）除了完整的试车外，还应根据不同的故障现象进行目的性的试车，确保对故障现象的准备判断。

3. 分析研究

分析研究是在问诊试车后根据故障现象，对汽车结构和原理进行深入的理解研究，分析故障产生的原因。分析研究通常需要借助与汽车故障相关的基础材料，了解汽车正常运行的条件和运动规律，与故障状态进行对比，确定故障原因。需要参考的材料一般有该车型的结构原理

图、电子控制系统图、电路油路气路原理图等。

4. 推理假设

根据故障现象，了解汽车故障部位的结构原理和查找对比汽车技术资料后，通常可以根据理论知识和实际经验对故障原因进行推理假设。推理假设是从大方向上寻找故障产生的原因。

5. 流程设计

根据假设的故障原因，设计出实际的故障诊断流程。诊断流程设计应按由大到小的原则确定检测项目，逐渐缩小故障原因的范围。

6. 测试确认

按照流程设计的步骤逐一测试各个项目。测试确认是在不解体或只拆卸少数零件的前提下完成对所设计的所有项目的检测，最后确认故障发生的部位。

7. 修复验证

修复验证是在确认故障原因后，选用合适的维修方法对故障进行修复。修复完成后对车辆功能进行测试验证，确认车辆故障已被完全修复。

8. 最终原因

经过上述步骤后，汽车故障已被解除，但是如果不继续深究下去，很可能导致故障现象的再次发生。这就需要对最终的故障原因进行分析，找到故障产生的根本原因，采取措施尽可能避免故障现象的再次发生。这是汽车故障诊断中最重要的一个环节，也是最容易被忽视的一个环节。

1.3.2 汽车故障诊断注意事项

在汽车故障诊断过程中为了保证检测人员和车辆的安全性、故障诊断的准确性和快速性，有些需要特别注意的事项。

1）诊断、测试以及故障排除过程中，检测维修人员要确保在绝对安全的条件下进行。使用起落架时要确保支撑稳固，检测发动机冷却液温度时防止被烫伤等。

2）汽车故障诊断时，尽量避免拆卸零件，禁止大范围拆卸零件。

3）故障的判断要有充分的依据，不能乱拆、乱接、乱试等，胡乱拆卸不仅不能排除故障，反而有可能会造成新的故障。

4）对于某些对汽车总成或零件有较大伤害的故障现象，不允许长时间的反复测试，否则会对汽车造成更严重的伤害。

5）分析故障原因时要追究故障产生的最终原因，如果只解决表面问题会导致故障的反复出现。

课程育人

案例 2　大众排气门事件

2015 年 9 月 18 日，美国环境保护署指控大众汽车所售部分柴油车安装了专门应对尾气排放检测的软件，可以识别汽车是否处于被检测状态，该软件在车检时秘密起动，会让车辆以"高环保标准"顺利过关，而平时驾驶的时候，却排放大量污染物，最大可达美国法定标准的40倍。随后，大众汽车承认在全球1100万辆柴油车上使用了该作弊软件，车型包括2008年之后销售的捷达、甲壳虫、高尔夫、奥迪A3，以及2014至2015款帕萨特，并宣布从2016年开始全部进行召回。大众汽车因排放作弊案损失超过300亿美元并产生巨大的信任危机。通过这个事件我们可以看出：第一，排气门事件的出现，使大众汽车公司损失巨大，皆因大众汽车不诚实造成严重污染所致。第二，要坚持底线思维，守住底线，诚信就是做人做事的底线。第三，做人做事必须遵守法律法规。

众所周知，汽车维修是适应社会发展的需要，随着我国社会的发展，目前我国汽车维修企业数量急剧增加，带来了汽车维修市场激烈的竞争，汽车维修是一项技术性强，工艺要求高的作业，尤其是广泛采用了电子技术的现代汽车，其性能和维修质量的好坏，更是一般消费者所不熟悉、不了解的，但现实生活中，许多汽车维修企业凭借自己的专业知识愚弄消费者，故意扩大事故范围，夸大故障程度和转移故障原因。这些情况在一些非正规化的汽车维修企业尤其严重，消费者由于缺乏相关专业知识，对这种做法更是苦不堪言。多年来，面对迅猛发展的汽车维修市场，面对汽车知识匮乏的汽车消费者，各级行业主管部门尽管以不同的形式开展了诚信企业的创建活动，同时对行业失信行为给予了严厉的打击，但是，行业的诚信基础还比较薄弱，部分企业存在着欺骗、隐瞒甚至敲诈等"失信"行为，企业之间相互压价，造成企业间恶性竞争；夸大车辆故障，欺骗消费者；使用假冒配件，损害消费者利益。

个别维修企业利用汽车维修专业技术性强的特点，人为夸大车辆故障，提高收费标准，欺骗消费者。车主一般都对车辆的结构和原理不了解，出了故障都是完全交给汽修店来处理，有的故障可能只需要几分钟调试下就可以解决，为了追求利润，汽修店就把不用换的配件换掉，把不该换的也换了，拖延维修时间多赚点工时，根本没有了道德和诚信。车主蒙在鼓里不说，就是起了疑心也找不到理由来投诉。某家报纸曾经报道过一位顾客出事故后将自己的私家车送到一家汽修店维修。一周后，他的车子又发生小擦碰，到另一家汽修店维修，这时才发现，前一次换上的保险杠和两外两个零件竟然都是旧的！可悲啊，为了自己的蝇头小利，竟然做出这样不讲诚信的事情！

不讲诚信、欺骗、欺诈已成为人人痛恨的一大公害，如果道德缺失、信用遭到破坏，就会导致市场秩序混乱，交易链条中断，成为制约社会主义市场经济发展的一大障碍。因此，建立与之相适应的、完善的道德体系是必然的，也是重要的。可以使各行各业在抬高职业道德水平的基础上提升企业道德形象，增进人与人之间的感情，形成关心他人、关心社会的良好风尚，必然会促进和推动社会市场经济的健康发展。因此增强职业道德建设刻不容缓。

项目 2
汽车发动机故障诊断

任务描述

李先生的一辆奥迪 A6L 轿车,行驶里程将近 10 万 km,某天李先生发现车内仪表板上冷却系统故障警告灯点亮,检查冷却液膨胀水箱液面低于下限,按规定添加冷却液后故障仍然存在,并且冷却液温度表指针显示冷却液温度过高。维修技师该如何对该车出现的故障进行检测诊断呢?

学习目标

1. 能够正确分析电控燃油喷射系统的故障诊断
2. 能够正确分析点火系统的故障诊断
3. 能够正确分析润滑系统的故障诊断
4. 能够正确分析冷却系统的故障诊断
5. 能够正确分析起动系统的故障诊断
6. 能够正确分析发动机异响的故障诊断

项目 2 汽车发动机故障诊断

知识与技能点清单

序号	学习目标	知识点	技能点
1	能够正确分析电控燃油喷射系统的故障诊断	1. 发动机无法起动故障诊断 2. 混合气过浓/过稀故障诊断 3. 怠速不良故障诊断 4. 加/减速不良故障诊断 5. 动力不足故障诊断	能够正确分析电控燃油喷射系统的故障诊断
2	能够正确分析点火系统的故障诊断	1. 发动机点火错乱故障诊断 2. 个别缸不点火故障诊断	能够正确分析点火系统的故障诊断
3	能够正确分析润滑系统的故障诊断	1. 机油压力过高/过低故障诊断 2. 机油消耗过大故障诊断 3. 机油变质故障诊断	能够正确分析润滑系统的故障诊断
4	能够正确分析冷却系统的故障诊断	1. 冷却液充足/不足引起的过热故障诊断 2. 发动机突然过热故障诊断	能够正确分析冷却系统的故障诊断
5	能够正确分析起动系统的故障诊断	1. 发动机不能起动故障诊断 2. 发动机起动困难故障诊断 3. 起动系统不运转/运转无力故障诊断 4. 起动机空转故障诊断 5. 柴油机无法起动故障诊断	能够正确分析起动系统的故障诊断
6	能够正确分析发动机异响的故障诊断	1. 发动机异响的类型与原因 2. 曲柄连杆机构异响故障诊断 3. 配气机构异响故障诊断	能够正确分析发动机异响的故障诊断

学习信息

2.1 电子控制燃油喷射系统的故障诊断

汽车电子控制燃油喷射系统简称燃油喷射系统。它是汽油机取消化油器而采用的一种先进的喷油装置。使用电控燃油喷射系统，汽车发动机燃烧将更充分，从而提高功率，降低油耗，实现低排放的目的。但是汽车电子燃油喷射系统内也常常存在着故障问题，导致运行效率降低。

2.1.1 发动机无法起动的故障诊断

在汽车故障维修中，发动机无法起动的故障非常常见，故障引起的原因

微课视频
发动机无法起动的故障诊断

也非常多,详细分析如下:

1. 故障现象

1)接通点火开关时,起动机能带动发动机正常转动,但无点火现象。

2)接通点火开关时,有点火现象,但不能起动。

2. 故障原因分析

1)蓄电池电量不足。

2)油箱中无油或燃油泵不工作。

3)喷油器不工作。

4)点火系统故障,电火花质量不好。

5)点火正时不正确。

6)起动时节气门全开。

7)进、排气系统故障。

8)电控单元或发动机搭铁不良。

3. 故障诊断方法与步骤

1)首先查看燃油表,检查燃油是否充足,如图 2-1 所示。另外,需要注意的是当车内燃油很少时,如果汽车停放在地面坡度较大的地方,油箱内的燃油会集中在一侧,有时会出现无法正常供油的现象,导致车辆无法正常起动。

2)检查蓄电池是否亏电,按如图 2-2 所示连接万用表,若起动电压不低于 9.5V 则说明正常,如果过低则蓄电池有可能失效。

图 2-1 检查燃油表

图 2-2 检测蓄电池电压

3)读取故障码和数据流,按故障码和数据流查找故障原因。

4)检查车辆防盗系统,有些车型装有防盗系统,会让汽车断电或断油。

5)检查火花塞工作状况。如图 2-3 所示为用专用仪器检测火花塞。

火花塞技术状况除用专用仪器进行密封发火试验外,还可采取下述方法检查。

① 就车检查法。

a. 触摸法。起动发动机,使其怠速运转,用手触摸火花塞绝缘陶瓷部位,若温度上升得很高、很快,表明火花塞正常,反之为不正常。

图 2-3 检测火花塞

b. 短路法。起动发动机，使其怠速运转，用螺钉旋具逐缸对火花塞短路，听发动机转速和响声变化，转速和响声变化明显，表明火花塞正常，反之为不正常。

c. 跳火法。旋下火花塞，放在气缸体上，用高压线试火，若无火花或火花较弱，表明火花塞漏电或不工作。

② 观色法。

拆下火花塞观察，若为赤褐色或铁锈色，表明火花塞正常。若为油渍状，表明火花塞间隙失调或供油过多，高压线短路或断路。若为烟熏的黑色，表明火花塞冷热型选错或混合气浓，机油上窜。若顶端与电极间有沉积物，当为油性沉积物时，说明气缸窜机油，与火花塞无关；当为黑色沉积物时，说明火花塞积炭而旁路；当为灰色沉积物时，则是汽油中添加剂覆盖电极导致缺火。若严重烧蚀，如顶端起疤、有黑色花纹破裂、电极熔化，表明火花塞损坏。

6) 检查点火正时。常用的方法有经验法、正时灯法和缸压法等。不正常则按规定进行调整。

① 正时灯法检测点火正时。1缸跳火时，接在1缸高压线上的传感器信号触发正时灯闪光，闪光照射到飞轮或带轮上的刻度与零刻度距为点火角。若把闪光推迟到固定标记与零刻度对齐时发生，延时电路中可变电位计电阻的变化量表示点火角。延时越大，点火角越大。正时灯和检测示意图如图 2-4 所示。

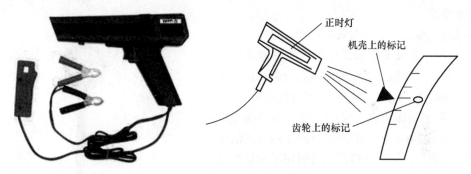

图 2-4　正时灯和检测示意图

检测步骤：

a. 仪器准备。将正时灯的两个电源夹夹到蓄电池的正、负电极上（红色夹接正极，黑色夹接负极）。将外卡式传感器卡在1缸高压线上。将正时灯的电位器退回到初始位置，打开正时灯开关，正时灯应闪光，指示装置应指示零位。

b. 发动机准备。擦拭飞轮或曲轴传动带盘上1缸上止点标记，使发动机运转至正常工作温度。

c. 使发动机在怠速工况下稳定运转，打开正时灯并对准飞轮壳或发动机前端面上的固定标记。调整正时灯电位器，使飞轮或曲轴传动带盘上的标记逐渐与固定标记对齐，此时表头读数即为发动机怠速运转时的点火提前角。

d. 用同样的方法分别测出不同工况时的点火提前角。

e. 检测完毕，关闭正时灯，取下外卡式传感器和两个电源夹。

② 缸压法检测点火正时。采用缸压传感器找出某一缸压缩压力的最大点作为活塞上止点，同时用点火传感器找出同一缸的点火时刻，两者之间的凸轮轴转角即为点火提前角，如图 2-5 所示。

检测步骤：

a. 预热发动机至正常工作温度。

b. 拆下任意一缸的火花塞，装上缸压传感器。

c. 在拆下的火花塞上仍接上原高压线，在高压线与火花塞之间接上点火传感器或在高压线卡上外卡式高压传感器，然后将火花塞放置在机体上，使之搭铁良好。

d. 使发动机怠速运转，通过按键或输入操作码，即可从指示装置得到怠速转速下的点火提前角及对应的转速。

e. 测得的点火提前角若不符合规定，应在点火正时仪监测情况下重新调整。

f. 用同样的方法分别测出不同工况时的点火提前角及对应的转速。

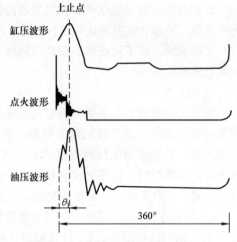

图 2-5　缸压法检测点火正时原理图

7）检查燃油供给情况、燃油泵和燃油压力是否正常，不正常则检查燃油供给系统、燃油泵控制电路等。

燃油压力检测方法与结果分析：

① 卸压。先拔下燃油泵熔丝、继电器或油泵插头，再起动发动机，直至发动机自行熄火后，再次起动发动机2~3次，然后拆下蓄电池负极。

② 安装燃油压力表。将燃油压力表串接在进油管中，如图2-6所示。带测压口的车辆将燃油压力表连接到测压口上，在拆卸油管时用毛巾垫在油管接口下，防止燃油泄漏。

③ 起动发动机，检查燃油是否泄漏。

④ 读取燃油压力表上的读数。怠速时一般为0.25MPa或符合车型技术规定。

⑤ 检测怠速工作压力时，拔下真空管油压上升至0.3MPa。否则，应更换油压调节器。

⑥ 关闭发动机，检查燃油压力表读数的变化，5min内压力表读数应不变。

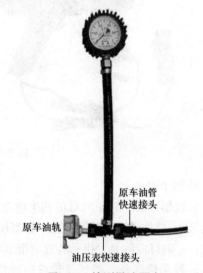

图 2-6　检测燃油压力

⑦ 油压分析。燃油压力表读数有油压为零、油压正常、油压过高和油压过低四种情况。

a. 油压为零。先检查油箱存油量及油道是否严重外泄，燃油滤清器是否完全堵塞。排除可能性后，油压依然为零，则需检查燃油系统的控制电路，如熔丝是否烧断、继电器是否不工作等。

b. 油压过高。应检查压力调节器顶部的真空管是否松脱或破裂漏气，油压调节器回油管是否堵塞等。

c. 油压过低或油泵停止工作2~5min内油压迅速下降。应先检查油路是否泄漏，然后检查喷油器是否泄漏、燃油压力调节器是否故障、燃油滤清器是否堵塞及油泵是否故障等。

高职高专汽车制造类立体化创新教材

汽车综合故障诊断任务工单

主　编　邓　璘　张俊峰
副主编　祖松涛　李穗平　于星胜
参　编　马良琳　杨正荣　林　波

机械工业出版社

目录

项目 1　汽车故障诊断概论 …………………………………… 1

项目 2　汽车发动机故障诊断 ………………………………… 5

项目 3　汽车底盘故障诊断 …………………………………… 19

项目 4　汽车车身电气系统故障诊断 ………………………… 29

项目 5　网络通信系统故障诊断 ……………………………… 39

项目 1
汽车故障诊断概论

学习任务

一、能正确理解汽车故障的分类

1. 在汽车故障诊断中，按故障发生的部位可将汽车故障分为哪几类，各有什么特点？

_____

_____

2. 一辆大众 CC 轿车，在近几个月行驶过程中出现一次轻微发冲现象，当时仪表板上的发动机故障警告灯亮。请问该故障按故障发生的频次分类，属于哪种故障？

_____

_____

3. 将下列故障类型和故障现象描述正确连线。

故障类型	故障现象描述
整体性故障	没有任何的征兆，故障现象突然发生
突发性故障	出现的概率非常低，发生次数极少的故障
渐进性故障	因汽车整体部件失效、老化导致的故障
偶发性故障	汽车某些功能完全丧失的故障
完全故障	循序渐进、由弱到强的故障

二、能正确理解汽车故障的成因

1. 汽车故障的成因分为哪几类，分别包括哪些内容？

_____

_____

2. 判断下列言论是否正确

（1）汽车人为性故障没有任何规律，完全和检测维修人员是否严格执行维修操作规程有关。　　　　　　　　　　　　　　　　　　　　　　　　　　（　　）

（2）驾驶人员严格遵守车辆使用规范，检测维修人员严格执行维修操作规程，汽车就可以完全避免人为性汽车故障。　　　　　　　　　　　　　　　（　　）

三、能正确理解汽车故障诊断的原则

1. 汽车故障诊断的基本原则有哪些？

_____

_____

2. 判断下列言论是否正确

（1）汽车故障诊断应该先检测故障发生率最低的部分，把发生率最低的故障原因首先排除掉。　　　　　　　　　　　　　　　　　　　　　　　　　　（　　）

（2）在发动机出现故障时，应先对发动机管理系统以外的可疑故障部位进行检测，最后考虑发动机管理系统的故障。　　　　　　　　　　　　　　　（　　）

四、能掌握汽车故障诊断的基本方法

1. 汽车故障诊断一般有哪几种诊断方法？

_____

_____

2. 用加热模拟法进行故障诊断时，不可直接加热（　　　），加热温度不可超过80℃。
A. ECU　　　　　　　　B. 电子元器件　　　　　　C. ECU中的电子元器件

3. 将下列故障检测仪器与对应的名称正确连线。

红外测温仪　　　　　　万能表　　　　　　示波器

项目 1 汽车故障诊断概论

五、能掌握汽车故障诊断的基本流程

1. 简述汽车故障诊断的基本流程。
_____
_____

2. 对汽车发动机异响故障的诊断试车环节,要注意在(　　)情况下进行。
A. 不同工况交叉　　　　B. 稳定工况　　　　C. 车辆正常行驶

六、能掌握汽车故障诊断的注意事项

1. 对于常规汽车故障,在动手拆卸和检测前,尽可能(　　)故障原因的设定范围。
A. 扩大　　　　B. 缩小　　　　C. 保持

2. 判断下列言论是否正确

(1) 对于各类汽车部件异响故障,一定要反复测试、多次听诊,确保正确判断故障部位与故障类型。(　　)

(2) 汽车故障诊断过程中,检测维修人员应首先考虑自身的安全问题,确保在绝对安全的条件下对汽车故障进行检测。(　　)

1.1 汽车故障诊断原理

课题描述	汽车故障诊断原理	
项目	作业记录	备注
1. 前期准备	观察实训车辆,初步分析汽车故障的分类、成因及诊断原则	
2. 安全检查		
3. 故障现象确认		
4. 故障码检查		
5. 正确读取故障码和清除故障码		
6. 确定故障范围		
7. 基本检查	(1) 分析故障现象,理解故障类型 (2) 根据故障现象,判断故障原因	
8. 部件测试		
9. 电路测量		
10. 确认故障部位		
11. 诊断结果报告		

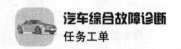

1.2 汽车故障诊断基本方法

课题描述	汽车故障诊断的基本方法	
项目	作业记录	备注
1. 前期准备	观察实训车辆，初步分析汽车故障诊断的基本方法	
2. 安全检查		
3. 故障现象确认		
4. 故障码检查		
5. 正确读取故障码和清除故障码		
6. 确定故障范围		
7. 基本检查	（1）分析故障现象，确定故障诊断方法 （2）根据故障现象，制定诊断流程	
8. 部件测试		
9. 电路测量		
10. 确认故障部位		
11. 诊断结果报告		

鉴　定

序号	学习目标	鉴定1	鉴定2	鉴定3	鉴定结论	鉴定教师签字
1	能正确理解汽车故障的分类				□通过 □不通过	
2	能正确理解汽车故障的成因				□通过 □不通过	
3	能正确理解汽车故障诊断的原则				□通过 □不通过	
4	能掌握汽车故障诊断的基本方法				□通过 □不通过	
5	能掌握汽车故障诊断的基本流程				□通过 □不通过	
6	能掌握汽车故障诊断的注意事项				□通过 □不通过	

备注：任课老师可以通过平时教学过程中学习者学习态度、参与教学活动积极性、职场安全意识及终结性鉴定结果等确定其最后鉴定结果，每个学习者最多可以鉴定三次，鉴定老师可以把鉴定情况填写在上表中。

项目 2
汽车发动机故障诊断

学习任务

1. 发动机的拆卸应在（　　）下进行。
   A. 热态　　　　B. 冷态　　　　C. 温态　　　　D. 无温度要求
2. 发动机冷却液的添注应在（　　）下进行。
   A. 热态　　　　B. 冷态　　　　C. 温态　　　　D. 无温度要求
3. 发动机冷却系统使发动机保持的最佳温度为（　　）。
   A. 80~90℃　　　B. 60~70℃　　　C. 95~100℃
4. 下述各零件不属于气门传动组的是（　　）。
   A. 气门弹簧　　　B. 挺柱　　　　C. 摇臂轴　　　D. 凸轮轴
5. 配气机构的气门组主要由＿＿＿＿、气门导管、气门座等组成。（　　）
   A. 气门、气门弹簧　　B. 气门、凸轮轴　　C. 凸轮轴、挺柱
6. 用气缸压力表检测气缸压力时，对于汽油机应将压力表安装在＿＿＿＿位置，对于柴油机应将压力表安装在＿＿＿＿位置。
7. 两种品牌不同的机油混合使用，会使发动机润滑效果更好。（　　）
8. 风扇传动带松会导致发动机过热。（　　）
9. 气缸盖拆装螺栓时没有固定的顺序。（　　）
10. 发动机的温度对膨胀水箱内冷却液液面的高低无影响。（　　）
11. 检查发动机机油量时直接拔出机油尺查看即可。（　　）
12. 发动机内冷却液越多冷却效果越好，所以冷却液添的越满越好。（　　）
13. 简述正时灯法检测点火正时的步骤。

14. 发动机润滑系常见的故障有哪些？

15. 简述气门间隙过大、过小的危害。

16. 简述查看发动机机油油量的步骤。

17. 简述用气缸压力表测量气缸压力的步骤。

18. 简述用真空表测量进气真空度的步骤。

19. 简述更换机油滤清器的步骤。

2.1 电子控制燃油喷射系统的故障诊断

2.1.1 发动机无法起动的故障诊断

故障描述	发动机无法起动	
项目	作业记录	备注
1. 前期准备	观察实训车辆,初步分析发动机无法起动的故障原因	
2. 安全检查		
3. 故障现象确认	接通点火开关时,观察有无点火现象	
4. 故障码检查	查看有无故障码	
5. 正确读取故障码和清除故障码		
6. 确定故障范围		
7. 基本检查	(1)检查蓄电池电压 (2)检查点火正时 (3)检查燃油压力 (4)检查气缸压力	
8. 部件测试	检测火花塞点火能力	
9. 电路测量	(1)检查点火开关电路 (2)检查喷油器控制电路	

（续）

故障描述	发动机无法起动	
项目	作业记录	备注
10. 确认故障部位		
11. 诊断结果报告		

2.1.2　混合气过浓的故障诊断

故障描述	发动机混合气过浓	
项目	作业记录	备注
1. 前期准备	观察实训车辆，初步分析混合气过浓的故障原因	
2. 安全检查		
3. 故障现象确认	起动发动机，观察排气管有无冒黑烟、抖动、放炮现象	
4. 故障码检查	查看有无故障码	
5. 正确读取故障码和清除故障码		
6. 确定故障范围		
7. 基本检查	（1）检查空气滤清器滤芯 （2）检查燃油压力 （3）检查活性炭罐工作状况 （4）检查排气管是否堵塞	
8. 部件测试	（1）检测火花塞工作情况 （2）检查喷油器工作状况	
9. 电路测量	检查氧传感器线束	
10. 确认故障部位		
11. 诊断结果报告		

2.1.3　混合气过稀的故障诊断

故障描述	发动机混合气过稀	
项目	作业记录	备注
1. 前期准备	观察实训车辆，初步分析混合气过稀的故障原因	
2. 安全检查		
3. 故障现象确认	起动发动机，观察是否存在容易熄火现象	
4. 故障码检查	查看有无故障码	
5. 正确读取故障码和清除故障码		
6. 确定故障范围		
7. 基本检查	（1）检查进气系统真空度 （2）检查燃油压力 （3）检查喷油器工作状况 （4）检查配气正时	

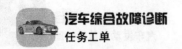

(续)

故障描述	发动机混合气过稀	
项目	作业记录	备注
8. 部件测试	（1）检测氧传感器工作状况 （2）检测电控单元工作状态	
9. 电路测量	检查氧传感器线束	
10. 确认故障部位		
11. 诊断结果报告		

2.1.4 怠速不良的故障诊断

故障描述	发动机怠速不良	
项目	作业记录	备注
1. 前期准备	观察实训车辆，初步分析怠速不良的故障原因	
2. 安全检查		
3. 故障现象确认	起动发动机，观察发动机怠速工作情况	
4. 故障码检查	查看有无故障码	
5. 正确读取故障码和清除故障码		
6. 确定故障范围		
7. 基本检查	（1）检查进气系统真空度 （2）节气门是否积炭 （3）检查燃油压力 （4）检查 EGR 阀工作状况	
8. 部件测试	（1）检测冷却液温度传感器工作状况 （2）检测进气温度传感器工作状态	
9. 电路测量	检查发动机控制单元和点火单元之间的信号线路	
10. 确认故障部位		
11. 诊断结果报告		

2.1.5 加速不良的故障诊断

故障描述	发动机加速不良	
项目	作业记录	备注
1. 前期准备	观察实训车辆，初步分析加速不良的故障原因	
2. 安全检查		
3. 故障现象确认	起动发动机，观察发动机加速时的工作情况	
4. 故障码检查	查看有无故障码	
5. 正确读取故障码和清除故障码		

(续)

故障描述	发动机加速不良	备注
项目	作业记录	
6. 确定故障范围		
7. 基本检查	（1）检查点火正时 （2）检查进气系统真空度 （3）检查燃油压力 （4）检查EGR阀工作状况	
8. 部件测试	（1）检测空气流量计、加速踏板位置传感器、节气门位置传感器工作状况 （2）检测喷油器工作状态	
9. 电路测量	检查各缸高压线电阻	
10. 确认故障部位		
11. 诊断结果报告		

2.1.6　动力不足的故障诊断

故障描述	发动机动力不足	备注
项目	作业记录	
1. 前期准备	观察实训车辆，初步分析动力不足的故障原因	
2. 安全检查		
3. 故障现象确认	起动发动机，观察发动机带负荷运转时的工作情况	
4. 故障码检查	查看有无故障码	
5. 正确读取故障码和清除故障码		
6. 确定故障范围		
7. 基本检查	（1）检查燃油品质 （2）检查进气系统是否堵塞 （3）检查燃油压力 （4）检查气缸压力	
8. 部件测试	（1）检测进气压力传感器、爆燃传感器、节气门位置传感器工作状况 （2）检测喷油器工作状态	
9. 电路测量	检查进气压力传感器线路	
10. 确认故障部位		
11. 诊断结果报告		

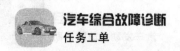

2.1.7 减速不良的故障诊断

故障描述	发动机减速不良	
项目	作业记录	备注
1.前期准备	观察实训车辆,初步分析减速不良的故障原因	
2.安全检查		
3.故障现象确认	起动发动机并怠速运转,行驶过程中突然松开加速踏板,观察发动机的工作情况	
4.故障码检查	查看有无故障码	
5.正确读取故障码和清除故障码		
6.确定故障范围		
7.基本检查	(1)检查怠速控制阀工作状况 (2)检查点火正时 (3)检查节气门位置传感器工作状况 (4)急减速断油功能是否正常	
8.部件测试	(1)检测怠速步进电动机 (2)检测氧传感器控制信号	
9.电路测量		
10.确认故障部位		
11.诊断结果报告		

2.2 点火系统的故障诊断

2.2.1 无分电器微机控制点火系统高压不跳火的故障诊断

故障描述	无分电器微机控制点火系统高压不跳火	
项目	作业记录	备注
1.前期准备	观察实训车辆,初步分析高压不跳火的故障原因	
2.安全检查		
3.故障现象确认	接通点火开关,进行高压试火,观察火花塞有无火花产生	
4.故障码检查	查看有无故障码	
5.正确读取故障码和清除故障码		
6.确定故障范围		
7.基本检查	(1)检查点火器 (2)测量火花塞绝缘电阻	
8.部件测试	(1)检测曲轴位置传感器工作状况 (2)检测电控单元工作状况	
9.电路测量	检查点火线圈线路	
10.确认故障部位		
11.诊断结果报告		

2.2.2　发动机爆燃的故障诊断

故障描述	发动机爆燃	
项目	作业记录	备注
1. 前期准备	观察实训车辆，初步分析发动机爆燃的故障原因	
2. 安全检查		
3. 故障现象确认	起动发动机，观察是否有爆燃现象	
4. 故障码检查	查看有无故障码	
5. 正确读取故障码和清除故障码		
6. 确定故障范围		
7. 基本检查	（1）检查点火提前角 （2）检查发动机冷却液温度 （3）检查燃油品质 （4）检查气缸盖积炭情况	
8. 部件测试	（1）检测爆燃传感器工作状况 （2）检测电控单元工作状况	
9. 电路测量		
10. 确认故障部位		
11. 诊断结果报告		

2.3　润滑系统的故障诊断

2.3.1　发动机机油压力过低的故障诊断

故障描述	发动机机油压力过低	
项目	作业记录	备注
1. 前期准备	观察实训车辆，初步分析发动机机油压力过低的故障原因	
2. 安全检查		
3. 故障现象确认	起动发动机，观察机油压力警告灯是否点亮	
4. 故障码检查		
5. 正确读取故障码和清除故障码		
6. 确定故障范围		
7. 基本检查	（1）检查机油液面高度 （2）检查机油滤清器是否堵塞 （3）检查集滤器是否堵塞 （4）检查机油品质	
8. 部件测试	检测机油泵磨损情况	
9. 电路测量	检测机油压力指示系统电路	
10. 确认故障部位		
11. 诊断结果报告		

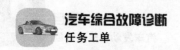

2.3.2 发动机机油压力过高的故障诊断

故障描述	发动机机油压力过高	
项目	作业记录	备注
1. 前期准备	观察实训车辆,初步分析发动机机油压力过高的故障原因	
2. 安全检查		
3. 故障现象确认	起动发动机,观察机油压力表读数是否过高	
4. 故障码检查		
5. 正确读取故障码和清除故障码		
6. 确定故障范围		
7. 基本检查	(1)检查机油液面高度 (2)检查机油压力指示装置 (3)检查机油滤清器是否堵塞 (4)检查机油品质	
8. 部件测试	检测机油泵限压阀工作情况	
9. 电路测量		
10. 确认故障部位		
11. 诊断结果报告		

2.3.3 发动机机油消耗过大的故障诊断

故障描述	发动机机油消耗过大	
项目	作业记录	备注
1. 前期准备	观察实训车辆,初步分析发动机机油消耗过大的故障原因	
2. 安全检查		
3. 故障现象确认	检查机油是否有泄漏现象;起动发动机,观察排气管是否冒蓝烟	
4. 故障码检查		
5. 正确读取故障码和清除故障码		
6. 确定故障范围		
7. 基本检查	(1)检查机油泄漏情况 (2)检查机油液面 (3)检查节气门积炭情况 (4)检查排气管是否冒蓝烟	
8. 部件测试	(1)检查曲轴箱强制通风阀工作情况 (2)检查涡轮增压器、空气压缩机	
9. 电路测量		
10. 确认故障部位		
11. 诊断结果报告		

2.3.4 机油变质的故障诊断

故障描述	发动机机油变质	
项目	作业记录	备注
1. 前期准备	观察实训车辆,初步分析发动机机油变质的故障原因	
2. 安全检查		
3. 故障现象确认	将机油滴在滤纸上,观察机油品质	
4. 故障码检查		
5. 正确读取故障码和清除故障码		
6. 确定故障范围		
7. 基本检查	(1)检查机油品质 (2)检查机油是否未定期更换 (3)检查机油液面高度	
8. 部件测试	检测机油滤清器工作情况	
9. 电路测量		
10. 确认故障部位		
11. 诊断结果报告		

2.4 冷却系统的故障诊断

2.4.1 冷却液充足但发动机过热的故障诊断

故障描述	冷却液充足但发动机过热	
项目	作业记录	备注
1. 前期准备	观察实训车辆,初步分析冷却液充足但发动机过热的故障原因	
2. 安全检查		
3. 故障现象确认	起动发动机并运转一段时间,观察冷却液是否有沸腾现象	
4. 故障码检查		
5. 正确读取故障码和清除故障码		
6. 确定故障范围		
7. 基本检查	(1)检查冷却液液面高度 (2)检查散热器风扇是否正常工作 (3)检查散热器是否堵塞 (4)检查气缸垫是否烧穿	
8. 部件测试	(1)检测节温器的工作状况 (2)检测水泵的工作状况	
9. 电路测量	检查冷却液温度表、冷却液温度过高指示灯电路	
10. 确认故障部位		
11. 诊断结果报告		

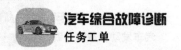

2.4.2 冷却液不足引起发动机过热的故障诊断

故障描述	冷却液不足引起发动机过热	
项目	作业记录	备注
1. 前期准备	观察实训车辆,初步分析冷却液不足引起发动机过热的故障原因	
2. 安全检查		
3. 故障现象确认	观察冷却液液面是否在规定范围内	
4. 故障码检查		
5. 正确读取故障码和清除故障码		
6. 确定故障范围		
7. 基本检查	(1) 检查冷却系统是否漏水 (2) 检查散热器风扇是否正常工作 (3) 检查散热器盖进、排气阀	
8. 部件测试	(1) 检测水泵泄水孔是否漏水 (2) 检测发动机水套是否破裂	
9. 电路测量		
10. 确认故障部位		
11. 诊断结果报告		

2.4.3 发动机突然过热的故障诊断

故障描述	发动机突然过热	
项目	作业记录	备注
1. 前期准备	观察实训车辆,初步分析发动机突然过热的故障原因	
2. 安全检查		
3. 故障现象确认	起动发动机,观察冷却液是否突然过热	
4. 故障码检查		
5. 正确读取故障码和清除故障码		
6. 确定故障范围		
7. 基本检查	(1) 检查冷却液是否充足 (2) 检查散热器风扇是否正常工作 (3) 检查冷却系统是否漏水 (4) 检测水泵是否正常工作	
8. 部件测试	(1) 检测节温器工作状况 (2) 检测发动机水套是否破裂	
9. 电路测量		
10. 确认故障部位		
11. 诊断结果报告		

2.5 起动系统的故障诊断

2.5.1 发动机不能起动的故障诊断

故障描述	发动机不能起动	
项目	作业记录	备注
1. 前期准备	观察实训车辆,初步分析发动机不能起动的故障原因	
2. 安全检查		
3. 故障现象确认	接通点火开关,观察发动机起动时的状态	
4. 故障码检查	查看有无故障码	
5. 正确读取故障码和清除故障码		
6. 确定故障范围		
7. 基本检查	(1) 检查高压火花 (2) 检查空气滤清器 (3) 检查进气系统是否漏气 (4) 检测燃油压力 (5) 检查点火正时	
8. 部件测试	(1) 检测火花塞工作状况 (2) 检测空气流量计、冷却液温度传感器	
9. 电路测量		
10. 确认故障部位		
11. 诊断结果报告		

2.5.2 发动机起动困难的故障诊断

故障描述	发动机起动困难	
项目	作业记录	备注
1. 前期准备	观察实训车辆,初步分析发动机起动困难的故障原因	
2. 安全检查		
3. 故障现象确认	接通点火开关,观察发动机起动时的状态	
4. 故障码检查	查看有无故障码	
5. 正确读取故障码和清除故障码		
6. 确定故障范围		
7. 基本检查	(1) 检查怠速控制阀 (2) 检查空气滤清器 (3) 检查进气系统真空度 (4) 检测燃油压力 (5) 检查点火正时 (6) 检测气缸压力	
8. 部件测试	(1) 检测燃油泵工作状况 (2) 检测空气流量计、冷却液温度传感器	
9. 电路测量	检查怠速控制阀电源电路	
10. 确认故障部位		
11. 诊断结果报告		

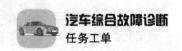

2.5.3 起动系统不运转的故障诊断

故障描述	发动机起动系统不运转	
项目	作业记录	备注
1. 前期准备	观察实训车辆,初步分析发动机起动系统不运转的故障原因	
2. 安全检查		
3. 故障现象确认	接通点火开关,观察起动机的工作状态	
4. 故障码检查		
5. 正确读取故障码和清除故障码		
6. 确定故障范围		
7. 基本检查	(1) 检查蓄电池电压 (2) 检查起动防盗系统	
8. 部件测试	(1) 检测起动机搭铁、电磁开关、电磁线圈、机械部分工作状况 (2) 检测起动继电器工作状况	
9. 电路测量	检查起动机连接线路或继电器搭铁线路	
10. 确认故障部位		
11. 诊断结果报告		

2.5.4 起动系统运转无力的故障诊断

故障描述	发动机起动系统运转无力	
项目	作业记录	备注
1. 前期准备	观察实训车辆,初步分析发动机起动系统运转无力的故障原因	
2. 安全检查		
3. 故障现象确认	接通点火开关,观察起动机的工作状态	
4. 故障码检查		
5. 正确读取故障码和清除故障码		
6. 确定故障范围		
7. 基本检查	(1) 检查蓄电池电压 (2) 检查线路中有无接触不良部位	
8. 部件测试	检测起动机电刷、电刷弹簧、换向器工作状况	
9. 电路测量	检查电磁开关线圈	
10. 确认故障部位		
11. 诊断结果报告		

2.5.5 起动机空转的故障诊断

故障描述	发动机起动机空转	
项目	作业记录	备注
1. 前期准备	观察实训车辆，初步分析发动机起动机空转的故障原因	
2. 安全检查		
3. 故障现象确认	接通点火开关，观察发动机和起动机的工作状态	
4. 故障码检查		
5. 正确读取故障码和清除故障码		
6. 确定故障范围		
7. 基本检查	检查飞轮齿圈	
8. 部件测试	（1）检测起动机电枢轴支承衬套是否磨损严重 （2）检测起动机单向离合器是否打滑 （3）检测起动机拨叉与电磁开关是否脱开	
9. 电路测量		
10. 确认故障部位		
11. 诊断结果报告		

2.6 发动机异响的故障诊断

2.6.1 曲柄连杆机构异响的故障诊断

故障描述	发动机曲柄连杆机构异响	
项目	作业记录	备注
1. 前期准备	观察实训车辆，初步分析发动机曲柄连杆机构异响的故障原因	
2. 安全检查		
3. 故障现象确认	起动发动机，观察发动机异响的部位与特征	
4. 故障码检查		
5. 正确读取故障码和清除故障码		
6. 确定故障范围		
7. 基本检查	（1）检查主轴承盖螺栓是否松动 （2）检查连杆轴承盖螺栓是否松动 （3）检查轴承径向间隙 （4）活塞与气缸壁磨损情况	
8. 部件测试	（1）检测曲轴是否弯曲变形 （2）检测曲轴轴承是否烧坏	
9. 电路测量		
10. 确认故障部位		
11. 诊断结果报告		

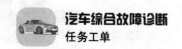

2.6.2 配气机构异响的故障诊断

故障描述	发动机配气机构异响	
项目	作业记录	备注
1. 前期准备	观察实训车辆,初步分析发动机配气机构异响的故障原因:	
2. 安全检查		
3. 故障现象确认	起动发动机,观察发动机异响的部位与特征	
4. 故障码检查		
5. 正确读取故障码和清除故障码		
6. 确定故障范围		
7. 基本检查	(1)检查气门间隙 (2)检查凸轮轮廓是否磨损 (3)检查凸轮轴固定螺栓是否松动 (4)检查摇臂是否磨损严重	
8. 部件测试	(1)检测凸轮轴轴颈与衬套间隙是否过大 (2)检测气门推杆是否弯曲	
9. 电路测量		
10. 确认故障部位		
11. 诊断结果报告		

鉴定

序号	学习目标	鉴定1	鉴定2	鉴定3	鉴定结论	鉴定教师签字
1	能够正确分析电控燃油喷射系统的故障诊断				□通过 □不通过	
2	能够正确分析点火系统的故障诊断				□通过 □不通过	
3	能够正确分析润滑系统的故障诊断				□通过 □不通过	
4	能够正确分析冷却系统的故障诊断				□通过 □不通过	
5	能够正确分析起动系统的故障诊断				□通过 □不通过	
6	能够正确分析发动机异响的故障诊断				□通过 □不通过	

备注:任课老师可以通过平时教学过程中学习者学习态度、参与教学活动积极性、职场安全意识及终结性鉴定结果等确定其最后鉴定结果,每个学习者最多可以鉴定三次,鉴定老师可以把鉴定情况填写在上表中。

项目 3
汽车底盘故障诊断

学习任务

1. 离合器常见的故障有_____、_____、_____。
2. 自动变速器常见的故障有_____、_____、_____、_____、_____、_____。
3. 驱动桥常见的故障有_____、_____、_____。
4. 四轮定位参数值主要有_____、_____、_____、_____。
5. 汽车电控悬架常见的故障有_____、_____。
6. 离合器打滑的故障原因之一是（　　）。
   A. 自由行程过小　　　B. 自由行程过大　　　C. 从动摩擦片过厚
7. 手动变速器乱档的故障原因可能是（　　）。
   A. 轴承损坏　　　B. 同步器损坏　　　C. 互锁装置损坏　　　D. 档位开关损坏
8. 手动变速器换档困难的故障原因可能是（　　）。
   A. 轴承损坏　　　B. 同步器损坏　　　C. 互锁装置损坏　　　D. 档位开关损坏
9. 汽车前左、右减振器弹簧刚度不一致会造成（　　）故障。
   A. 汽车行驶跑偏　　　B. 转向盘自由转动量过大　　　C. 转向沉重
10. 对于前束值的测量，以下哪种说法正确（　　）。
    A. 测量部位应略低于轮胎水平中心线
    B. 测量部位应略高于轮胎水平中心线
    C. 测量部位为轮胎水平中心线
11. 转向沉重的故障原因可能是（　　）。
    A. 转向轮气压不足　　　B. 轮毂轴承间隙过大　　　C. 转向轮定位失准
12. 汽车行驶摆振的故障原因可能是（　　）。
    A. 轮毂轴承间隙过大
    B. 前轴变形
    C. 转向器固定螺栓松动
    D. 以上都是

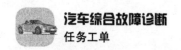

13. 轮胎气压的高低与轮胎异常磨损的影响（　　）。
A. 很大　　　　　　B. 很小　　　　　　C. 无影响
14. 制动液不足会引起（　　）故障。
A. 制动失效　　　　B. 制动跑偏　　　　C. 制动拖滞
15. ABS 故障的原因可能是（　　）。
A. 液压泵电动机损坏　B. 制动液太少　　C. 车速传感器故障　D. 以上都是
16. 对制动跑偏进行路试时，是否需要关闭 ABS（　　）。
A. 需要关闭 ABS　　B. 无需关闭 ABS　　C. 无影响
17. 制动拖滞的故障原因可能是（　　）。
A. 制动总泵回油孔堵塞　B. 路面泥泞、凹凸不平　C. 制动液严重不足
18. 如何验证离合器是否存在打滑故障？
_____
_____

19. 如何排除液压操纵式离合器油路中的空气？
_____
_____

20. 如何检测转向助力泵的油压？
_____
_____

21. 斜交轮胎和子午线轮胎应该怎样换位？
_____
_____

22. 汽车的前轮前束值应该如何检测和调整？
_____
_____

23. 如何对制动系统管路进行排气？
_____
_____

项目 3 汽车底盘故障诊断

3.1 传动系统的故障诊断

3.1.1 离合器打滑的故障诊断

故障描述	离合器打滑	
项目	作业记录	备注
1. 前期准备	观察实训车辆,初步分析离合器打滑的故障原因	
2. 安全检查		
3. 故障现象确认	起步时完全放松离合器踏板,观察是否能顺利起步	
4. 确定故障范围		
5. 基本检查	(1)检查离合器踏板自由行程 (2)检查分离轴承与套筒有无卡滞现象、离合器盖的固定螺栓是否松动 (3)检查膜片弹簧弹力 (4)检查气缸压力	
6. 部件测试	(1)检测膜片弹簧的磨损的深度和宽度 (2)检测压盘内端面平整度	
7. 确认故障部位		
8. 诊断结果报告		

3.1.2 离合器分离不彻底的故障诊断

故障描述	离合器分离不彻底	
项目	作业记录	备注
1. 前期准备	观察实训车辆,初步分析离合器分离不彻底的故障原因	
2. 安全检查		
3. 故障现象确认	发动机怠速运转时,完全踩下离合器踏板,观察挂档是否顺利	
4. 确定故障范围		
5. 基本检查	(1)检查离合器踏板自由行程 (2)检查分离轴承与套筒有无卡滞现象 (3)检查离合器油路中是否有空气	
6. 部件测试	分解离合器,检测各部件的技术状况	
7. 确认故障部位		
8. 诊断结果报告		

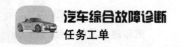

3.1.3 离合器异响的故障诊断

故障描述	离合器异响	
项目	作业记录	备注
1. 前期准备	观察实训车辆，初步分析离合器异响的故障原因	
2. 安全检查		
3. 故障现象确认	发动机怠速运转时，踩离合器踏板，观察是否有异响	
4. 确定故障范围		
5. 基本检查	（1）检查从动盘毂花键与花键轴配合间隙是否过大 （2）检查从动盘毂铆钉是否松动 （3）检查分离叉或联动装置是否卡滞	
6. 部件测试	检测分离轴承是否缺油或损坏	
7. 确认故障部位		
8. 诊断结果报告		

3.1.4 手动变速器的故障诊断

故障描述	手动变速器挂档困难、跳档、乱档、异响、漏油和发热	
项目	作业记录	备注
1. 前期准备	观察实训车辆，初步分析手动变速器挂档困难、跳档、乱档、异响、漏油和发热的故障原因	
2. 安全检查		
3. 故障现象确认	进行换档操作，观察变速器是否存在上述故障	
4. 确定故障范围		
5. 基本检查	（1）检查变速拨叉轴是否弯曲变形 （2）检查自锁和互锁钢球是否损坏 （3）检查变速器第一轴是否弯曲 （4）检查操纵机构是否变形松旷 （5）检查变速器是否漏油 （6）检查各密封件是否损坏	
6. 部件测试	检测同步器是否损坏	
7. 确认故障部位		
8. 诊断结果报告		

3.1.5 自动变速器的故障诊断

故障描述	自动变速器不能行驶、打滑、换档冲击、升档过迟、频繁跳档和异响	
项目	作业记录	备注
1. 前期准备	初步分析自动变速器不能行驶、打滑、换档冲击、升档过迟、频繁跳档和异响的故障原因	
2. 安全检查		
3. 故障现象确认	进行换档操作,观察自动变速器是否存在上述故障	
4. 确定故障范围		
5. 基本检查	(1) 检查自动变速器油液面高度 (2) 检查滤清器是否严重堵塞 (3) 检查主油路油压 (4) 检查行星齿轮系统是否损坏 (5) 检查单向离合器是否打滑 (6) 检查各密封件是否损坏	
6. 部件测试	(1) 检测油泵是否损坏 (2) 检查离合器或制动器摩擦片是否磨损严重 (3) 检查主油路油压调节阀是否存在故障 (4) 查节气门位置传感器、车速传感器和油压电磁阀是否存在故障	
7. 确认故障部位		
8. 诊断结果报告		

3.1.6 驱动桥的故障诊断

故障描述	驱动桥过热、异响和漏油	
项目	作业记录	备注
1. 前期准备	观察实训车辆,初步分析驱动桥过热、异响和漏油的故障原因	
2. 安全检查		
3. 故障现象确认	行驶一段时间,观察驱动桥是否存在上述故障	
4. 确定故障范围		
5. 基本检查	(1) 检查驱动桥齿轮油液面 (2) 检查驱动桥油封的安装情况 (3) 检查各机械部件配合情况 (4) 检查通气孔是否堵塞 (5) 检查各机械部件配合情况	
6. 部件测试	(1) 检测各类轴承是否损坏 (2) 检查各齿轮齿面是否磨损严重	
7. 确认故障部位		
8. 诊断结果报告		

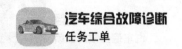

3.2 转向及行驶系统的故障诊断

3.2.1 汽车转向沉重的故障诊断

故障描述	汽车转向沉重	
项目	作业记录	备注
1.前期准备	观察实训车辆,初步分析汽车转向沉重的故障原因	
2.安全检查		
3.故障现象确认	行驶一段时间,感觉汽车是否存在转向沉重的现象	
4.确定故障范围		
5.基本检查	(1)检查转向轮轮胎气压 (2)检查转向储液罐的油液液面 (3)检查转向助力泵油管接口是否漏油 (4)检查转向助力泵驱动带磨损情况和松紧度 (5)检查转向传动机构工作情况	
6.部件测试	(1)检测转向泵油压 (2)检查转向器是否存在故障	
7.确认故障部位		
8.诊断结果报告		

3.2.2 汽车行驶摆振的故障诊断

故障描述	汽车行驶摆振	
项目	作业记录	备注
1.前期准备	观察实训车辆,初步分析汽车行驶摆振的故障原因	
2.安全检查		
3.故障现象确认	行驶一段时间,感觉汽车是否存在行驶摆振的现象	
4.确定故障范围		
5.基本检查	(1)检查转向传动情况 (2)检查轮毂轴承是否松旷 (3)检查前轮各定位角和前桥是否符合要求 (4)检查减振器的效能	
6.部件测试	(1)检查前轴、车架是否变形 (2)检查转向器是否存在故障	
7.确认故障部位		
8.诊断结果报告		

3.2.3 汽车行驶跑偏的故障诊断

故障描述	汽车行驶跑偏	
项目	作业记录	备注
1. 前期准备	观察实训车辆，初步分析汽车行驶跑偏的故障原因	
2. 安全检查		
3. 故障现象确认	行驶一段时间，感觉汽车是否存在行驶跑偏的现象	
4. 确定故障范围		
5. 基本检查	（1）检查转向轮轮胎气压、磨损情况 （2）检查前悬架两侧减振器弹簧刚度是否一致 （3）检查前轮各定位角是否符合要求 （4）检查前稳定杆与前摆臂是否变形 （5）检查转向系统各机构安装、调整情况	
6. 部件测试	（1）检查车身或车架是否变形 （2）检查前桥、后桥是否变形	
7. 确认故障部位		
8. 诊断结果报告		

3.2.4 汽车轮胎异常磨损的故障诊断

故障描述	汽车轮胎异常磨损	
项目	作业记录	备注
1. 前期准备	观察实训车辆，初步分析汽车轮胎异常磨损的故障原因	
2. 安全检查		
3. 故障现象确认	观察轮胎的磨损情况	
4. 确定故障范围		
5. 基本检查	（1）检查测量和调整轮胎气压 （2）检查并调整转向盘转向角度 （3）检测并调整前轮前束值	
6. 部件测试	检查轮毂是否松旷	
7. 确认故障部位		
8. 诊断结果报告		

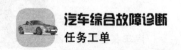

3.2.5 汽车电控悬架的故障诊断

故障描述	汽车电控悬架故障	
项目	作业记录	备注
1.前期准备	观察实训车辆，初步分析汽车电控悬架故障的原因	
2.安全检查		
3.故障现象确认	行驶一段时间，感觉悬架刚度和阻尼系统控制是否失灵，车身高度控制是否失灵	
4.故障码检查	查看有无故障码	
5.正确读取故障码和清除故障码		
6.确定故障范围		
7.基本检查	（1）检查是否有空气泄漏现象 （2）检查并调整转向盘转向角度 （3）检测并调整前轮前束值	
8.部件测试	检查空气弹簧减振器是否存在故障	
9.电路测量	（1）检查悬架刚度和阻尼系数控制开关电路、高度控制开关电路和调节器电路 （2）检查 ECU 电源电路	
10.确认故障部位		
11.诊断结果报告		

3.3 制动系统的故障诊断

3.3.1 汽车制动失效的故障诊断

故障描述	汽车制动失效	
项目	作业记录	备注
1.前期准备	观察实训车辆，初步分析汽车制动失效的故障原因	
2.安全检查		
3.故障现象确认	行驶一段时间，感觉汽车是否存在制动失效的故障	
4.确定故障范围		
5.基本检查	（1）检查制动液液位 （2）检查制动系统内是否有空气 （3）检查各机械连接部位有无脱开 （4）检查制动间隙是否过大	
6.部件测试	检查主缸活塞、皮碗和复位弹簧是否完好	
7.确认故障部位		
8.诊断结果报告		

3.3.2 ABS 的故障诊断

故障描述	汽车 ABS 系统故障	
项目	作业记录	备注
1. 前期准备	观察实训车辆，初步分析汽车 ABS 故障的原因	
2. 安全检查		
3. 故障现象确认	接通点火开关，观察 ABS 故障警告灯是否点亮，制动效能是否正常	
4. 故障码检查	查看有无故障码	
5. 正确读取故障码和清除故障码		
6. 确定故障范围		
7. 基本检查	（1）检查制动液液位 （2）检查液压泵继电器是否损坏 （3）检查电磁阀继电器是否损坏 （4）检查制动灯开关是否损坏	
8. 部件测试	（1）检查 ABS 的 ECU、液压泵、电磁阀是否损坏 （2）检查车速传感器是否损坏	
9. 电路测量	（1）检查车速传感器线路 （2）检查制动灯开关电路	
10. 确认故障部位		
11. 诊断结果报告		

3.3.3 汽车制动跑偏的故障诊断

故障描述	汽车制动跑偏	
项目	作业记录	备注
1. 前期准备	观察实训车辆，初步分析汽车制动跑偏的故障原因	
2. 安全检查		
3. 故障现象确认	行驶一段时间，感觉汽车是否存在制动跑偏的故障	
4. 确定故障范围		
5. 基本检查	（1）检查左右侧车轮气压、磨损情况和轮胎规格是否一致 （2）观察路面轮胎拖痕 （3）进行四轮定位检测	
6. 部件测试	（1）车架和悬架系统是否变形 （2）检查制动器的工作状况	
7. 确认故障部位		
8. 诊断结果报告		

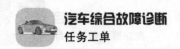

3.3.4 汽车制动拖滞的故障诊断

故障描述	汽车制动拖滞	
项目	作业记录	备注
1. 前期准备	观察实训车辆，初步分析汽车制动拖滞的故障原因	
2. 安全检查		
3. 故障现象确认	行驶一段时间，感觉汽车是否存在制动拖滞的故障	
4. 确定故障范围		
5. 基本检查	（1）检查驻车制动手柄是否放松和钢索是否调整合适 （2）检查制动踏板的自由行程 （3）检查制动管路是否堵塞或有空气 （4）检查制动间隙是否过大	
6. 部件测试	（1）检查制动总泵是否损坏 （2）检查车轮制动器的工作情况 （3）检查真空助力器工作情况	
7. 确认故障部位		
8. 诊断结果报告		

鉴 定

序号	学习目标	鉴定1	鉴定2	鉴定3	鉴定结论	鉴定教师签字
1	能够正确分析传动系统的故障诊断				□通过 □不通过	
2	能够正确分析转向及行驶系统的故障诊断				□通过 □不通过	
3	能够正确分析制动系统的故障诊断				□通过 □不通过	

备注：任课老师可以通过平时教学过程中学习者学习态度、参与教学活动积极性、职场安全意识及终结性鉴定结果等确定其最后鉴定结果，每个学习者最多可以鉴定三次，鉴定老师可以把鉴定情况填写在上表中。

项目 4
汽车车身电气系统故障诊断

学习任务

1. 汽车空调制冷时，主要是通过压缩机压缩制冷剂来实现的，当空调完全不制冷时，故障原因可能有（　　）。
   A. 冷凝器散热不良
   B. 空调管道内部严重堵塞
   C. 制冷剂中有水分
   D. 压缩机卡死
2. 当汽车空调有制冷功能，但冷气不足时，故障原因可能有（　　）。
   A. 制冷系统中无制冷剂
   B. 制冷剂添加过量
   C. 压缩机驱动带过松
   D. 空调系统中有空气
3. 当打开汽车空调后，空调系统出现异响的故障原因可能有（　　）。
   A. 压缩机驱动带过松
   B. 制冷剂添加过量
   C. 制冷剂中杂质较多
   D. 空调系统中有空气
4. 简述汽车空调系统检漏的方法有哪些？
   _____
   _____
5. 简述汽车空调系统抽真空的方法与步骤。
   _____
   _____
6. 汽车空调制热时，主要是通过发动机冷却液的温度来实现的，当空调不制热或制热不良时，故障原因可能有（　　）。
   A. 发动机冷却液循环流动缓慢

B. 暖风散热器管道堵塞

C. 节温器故障

D. 制冷剂添加不足

7. 一辆行驶里程为 8 万 km 的大众速腾舒适型轿车，冬季打开空调暖风时，右侧的出风口反而吹出冷风，请同学分析下故障原因，并总结一份检修方案。

_____

_____

8. 现代汽车都装设了自检系统，当仪表板上"AIR BAG"指示灯常亮不灭时，说明安全气囊系统存在问题，发生这种现象的故障原因有（　　）。

A. 碰撞传感器和诊断单元与组合仪表失去通信

B. SRS 连接线束断路

C. 车速传感器故障

D. SRS 控制单元故障

9. 一辆行驶里程为 6 万 km 的大众迈腾轿车，行驶过程中安全气囊故障灯亮起，开至维修站后，使用 VAS 5051 连接诊断插座，发现两个故障码：01221（驾驶人侧侧面安全气囊碰撞传感器 G179）、01222（前排乘员侧侧面安全气囊碰撞传感器 G180），请根据故障现象与故障码提示写出一份检修方案。

_____

_____

10. 汽车在行驶过程中，仪表板上的安全带指示灯始终常亮，此时驾驶人和乘员已系好安全带，故障原因可能有（　　）。

A. 安全带卡扣里的开关故障

B. 感应器插接器松动

C. SRS 控制单元通信故障

D. 座椅位置占用传感器故障

11. 一辆行驶里程为 3 万 km 的长安轿车，由于加速踏板及相关线路的故障，更换了全车线束，更换完毕后，仪表板出现了安全带灯不灭的故障，使用故障检测仪进行检测，提示驾驶人侧安全带扣未连接，请根据故障现象与故障码提示写出一份检修方案。

_____

_____

12. 汽车防盗系统工作正常，起动系统正常，但车辆不能起动。此时该如何判断是报警器引起的故障还是汽车本身电器损坏引起的故障？

_____

_____

13. 随着汽车电子化程度越来越高，很多汽车上开始装设 ESP，辅助驾驶人驾驶汽车，当 ESP 出现故障时，会导致仪表板上发动机、ABS、ESP 故障指示灯点亮，出现这种情况的原因有（　　）。

A. 制动压力传感器故障
B. ESP 控制开关故障
C. 轮速传感器故障
D. 制动踏板开关故障

14. 一辆行驶里程为 4 万 km 的奔驰 GLE320 轿车，行驶过程中仪表板上 ESP 指示灯报警，并且明显感觉到加速无力，换档时"发闯"，使用故障诊断仪读取故障码，提示：C003106- 左前车轮转速传感器存在功能故障，存在一个信号故障或信息有错误，请根据故障现象与故障码提示写出一份检修方案。

15. 所有车窗玻璃都不能正常升降的故障原因可能有（　　）。
A. 左前门玻璃升降电动机故障
B. 总电源线脱落
C. 主控开关故障
D. 总熔丝熔断

16. 简述电动座椅开关的检测方法与步骤。

4.1 汽车空调系统的故障诊断

4.1.1 空调完全不制冷的故障诊断

故障描述	空调完全不制冷	
项目	作业记录	备注
1. 前期准备	观察实训车辆，初步分析空调完全不制冷的故障原因	
2. 安全检查		
3. 故障现象确认	起动发动机，打开空调系统，感觉出风口有无冷风吹出	
4. 确定故障范围		
5. 基本检查	（1）检查制冷剂是否完全泄漏 （2）检查制冷系统管路内部是否堵塞 （3）检查空调系统压力	
6. 部件测试	（1）检查压缩机是否存在故障 （2）检查蒸发器温度传感器是否损坏	
7. 电路测量	检查空调系统电路	
8. 确认故障部位		
9. 诊断结果报告		

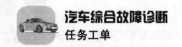

4.1.2 空调制冷不足的故障诊断

故障描述	空调制冷不足	
项目	作业记录	备注
1. 前期准备	观察实训车辆，初步分析空调制冷不足的故障原因	
2. 安全检查		
3. 故障现象确认	起动发动机，打开空调系统，感觉出风口冷风效果是否良好	
4. 确定故障范围		
5. 基本检查	（1）检查空调系统是否泄漏 （2）检查制冷剂是否添加过量 （3）检查空调系统中是否有空气、制冷剂中是否有水分、制冷剂和冷冻润滑油中杂质是否过多 （4）检查压缩机驱动带是否过松	
6. 部件测试	（1）检查冷凝器表面是否过脏 （2）检查空调翻板电动机	
7. 电路测量	检查空调翻板电动机电路	
8. 确认故障部位		
9. 诊断结果报告		

4.1.3 压缩机不能正常自动停转的故障诊断

故障描述	空调压缩机不能正常自动停转	
项目	作业记录	备注
1. 前期准备	观察实训车辆，初步分析空调压缩机不能正常自动停转的故障原因	
2. 安全检查		
3. 故障现象确认	起动发动机，打开空调系统，当车内空气达到设定温度时，观察压缩机能否自动停转	
4. 确定故障范围		
5. 基本检查	（1）检查压缩机的进、排气压力 （2）检查温控器	
6. 部件测试	检查高、低压开关是否损坏	
7. 电路测量	检查压缩机控制电路	
8. 确认故障部位		
9. 诊断结果报告		

4.1.4 空调系统异响的故障诊断

故障描述	空调系统异响	
项目	作业记录	备注
1.前期准备	观察实训车辆,初步分析空调系统异响的故障原因	
2.安全检查		
3.故障现象确认	起动发动机,打开空调系统,观察空调系统有无异响现象	
4.确定故障范围		
5.基本检查	(1)检查压缩机带轮和磁吸盘的吸合表面是否有油渍或污垢 (2)检查压缩机传动带的松紧度和磨损量 (3)检查压缩机支架固定螺栓是否松动 (4)检查张紧轮轴承是否松动或脱落 (5)检查冷凝器、冷却风扇扇叶和轴承等是否损坏	
6.部件测试	检查压缩机内部件是否严重磨损	
7.电路测量		
8.确认故障部位		
9.诊断结果报告		

4.1.5 空调不制热的故障诊断

故障描述	空调不制热	
项目	作业记录	备注
1.前期准备	观察实训车辆,初步分析空调系统不制热的故障原因	
2.安全检查		
3.故障现象确认	起动发动机,打开空调系统,观察空调出风口有无暖风吹出	
4.确定故障范围		
5.基本检查	(1)检查空调滤清器滤芯是否过脏 (2)检查暖风散热器管道温度 (3)检查冷却液的液面 (4)检查暖风系统壳体或通风管道是否破裂	
6.部件测试	检查节温器是否存在故障	
7.电路测量	检查空调电子器件及其线路	
8.确认故障部位		
9.诊断结果报告		

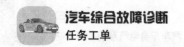

4.2 汽车安全系统的故障诊断

4.2.1 安全气囊的故障诊断

故障描述	汽车安全气囊故障	
项目	作业记录	备注
1. 前期准备	观察实训车辆,初步分析汽车安全气囊故障的原因	
2. 安全检查		
3. 故障现象确认	接通点火开关,观察安全气囊故障警告灯是否点亮	
4. 故障码检查	查看有无故障码	
5. 正确读取故障码和清除故障码		
6. 确定故障范围		
7. 基本检查	(1)拆下转向盘衬垫(带安全气囊)目视检查 (2)检查转向柱、转向盘是否受损或变形 (3)检查保险杠、车身覆盖件和骨架是否裂损	
8. 部件测试	(1)检查控制单元是否故障 (2)检查碰撞传感器是否损坏	
9. 电路测量	(1)检查 SRS 电控单元线路和传感器线路 (2)检查安全气囊指示灯线路	
10. 确认故障部位		
11. 诊断结果报告		

4.2.2 安全带的故障诊断

故障描述	汽车安全带故障	
项目	作业记录	备注
1. 前期准备	观察实训车辆,初步分析汽车安全带故障的原因	
2. 安全检查		
3. 故障现象确认	接通点火开关,观察安全带指示灯是否点亮,检查安全带能否顺利的拉伸、回位	
4. 故障码检查	查看有无故障码	
5. 正确读取故障码和清除故障码		
6. 确定故障范围		
7. 基本检查	(1)检查安全带能否顺利的拉伸、回位 (2)检查安全带带身是否过脏 (3)检查锁扣是否有裂缝 (4)检查导向板和锁舌是否变形、裂开	
8. 部件测试	(1)检查自动收紧器的锁止功能是否损坏 (2)检查安全带电路中熔丝、传感器、控制单元是否故障	
9. 电路测量	(1)检查安全带控制单元线路和传感器线路 (2)检查安全带指示灯线路	
10. 确认故障部位		
11. 诊断结果报告		

4.2.3　中控门锁控制系统的故障诊断

故障描述	汽车中控门锁系统故障	
项目	作业记录	备注
1. 前期准备	观察实训车辆,初步分析汽车中控门锁系统故障的原因	
2. 安全检查		
3. 故障现象确认	接通点火开关,操作中控门锁,观察中控门锁系统故障现象	
4. 故障码检查		
5. 正确读取故障码和清除故障码		
6. 确定故障范围		
7. 基本检查	（1）检查熔丝是否熔断 （2）检查门锁电动机或连杆操纵机构是否损坏 （3）检查锁扣是否有裂缝	
8. 部件测试	检查速度传感器是否损坏	
9. 电路测量	（1）检查电源与门锁执行器间的线路 （2）检查速度控制线路	
10. 确认故障部位		
11. 诊断结果报告		

4.2.4　防盗系统的故障诊断

故障描述	汽车防盗系统故障	
项目	作业记录	备注
1. 前期准备	观察实训车辆,初步分析汽车防盗系统故障的原因	
2. 安全检查		
3. 故障现象确认	接通点火开关,操作遥控钥匙,观察防盗系统故障现象	
4. 故障码检查		
5. 正确读取故障码和清除故障码		
6. 确定故障范围		
7. 基本检查	（1）检查遥控钥匙电量是否充足 （2）检查相关传感器的灵敏度 （3）检查报警器喇叭是否损坏	
8. 部件测试	（1）检查汽车防盗报警器是否损坏 （2）检查遥控器正负极弹簧片是否锈蚀或接触不良	
9. 电路测量	检查报警器的电源线路	
10. 确认故障部位		
11. 诊断结果报告		

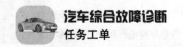

4.3 ESP 的故障诊断

ESP 的故障分析

故障描述	汽车 ESP 系统故障	
项目	作业记录	备注
1. 前期准备	观察实训车辆,初步分析汽车 ESP 系统故障的原因	
2. 安全检查		
3. 故障现象确认	接通点火开关,观察 ESP 指示灯是否点亮;行驶一段时间,感觉有无制动拖滞现象	
4. 故障码检查	查看有无故障码	
5. 正确读取故障码和清除故障码		
6. 确定故障范围		
7. 基本检查	(1)拆下转向盘衬垫(带安全气囊)目视检查 (2)检查转向柱、转向盘是否松动 (3)检查保险杠、车身覆盖件和骨架是否裂损 (4)进行控制单元电磁阀测试、液压回路测试	
8. 部件测试	(1)检查 ESP 系统各传感器是否损坏 (2)检查 ESP 开关	
9. 电路测量	检查 ESP 的电源线路和控制线路	
10. 确认故障部位		
11. 诊断结果报告		

4.4 汽车舒适性系统的故障诊断

4.4.1 电动车窗的故障诊断

故障描述	汽车电动车窗故障	
项目	作业记录	备注
1. 前期准备	观察实训车辆,初步分析汽车电动车窗故障的原因	
2. 安全检查		
3. 故障现象确认	接通点火开关,操作电动车窗按钮,观察故障现象	
4. 故障码检查		
5. 正确读取故障码和清除故障码		
6. 确定故障范围		
7. 基本检查	(1)检查熔丝是否熔断 (2)检查继电器线圈是否损坏 (3)检查玻璃升降器是否存在故障	
8. 部件测试	(1)检查主控开关和分控开关是否损坏 (2)检查玻璃升降器电动机是否损坏	
9. 电路测量	(1)检查玻璃升降器电动机电源线路和控制线路 (2)检查主控开关、分控开关线路	
10. 确认故障部位		
11. 诊断结果报告		

4.4.2　电动后视镜的故障诊断

故障描述	汽车电动后视镜故障	
项目	作业记录	备注
1. 前期准备	观察实训车辆，初步分析汽车电动后视镜故障的原因	
2. 安全检查		
3. 故障现象确认	接通点火开关，操纵电动后视镜调节按钮，观察故障现象	
4. 故障码检查		
5. 正确读取故障码和清除故障码		
6. 确定故障范围		
7. 基本检查	（1）检查熔丝是否熔断 （2）检查电动机的工作情况 （3）检查传动机构是否磨损	
8. 部件测试	检查控制开关是否损坏	
9. 电路测量	（1）检查电动机电源线路和控制线路 （2）检查控制开关线路	
10. 确认故障部位		
11. 诊断结果报告		

4.4.3　电动座椅的故障诊断

故障描述	汽车电动座椅故障	
项目	作业记录	备注
1. 前期准备	观察实训车辆，初步分析汽车电动座椅故障的原因	
2. 安全检查		
3. 故障现象确认	接通点火开关，操纵电动座椅调节按钮，观察故障现象	
4. 故障码检查		
5. 正确读取故障码和清除故障码		
6. 确定故障范围		
7. 基本检查	（1）检查熔丝和继电器是否工作正常 （2）检查电动机的工作情况 （3）检查传动机构是否磨损	
8. 部件测试	检查调节开关是否损坏	
9. 电路测量	（1）检查电动机电源线路和控制线路 （2）检查调节开关线路	
10. 确认故障部位		
11. 诊断结果报告		

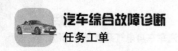

鉴 定

序号	学习目标	鉴定1	鉴定2	鉴定3	鉴定结论	鉴定教师签字
1	能够正确分析汽车空调系统的故障诊断				□通过 □不通过	
2	能够正确分析汽车安全系统的故障诊断				□通过 □不通过	
3	能够正确分析汽车ESP的故障诊断				□通过 □不通过	
4	能够正确分析汽车舒适性系统的故障诊断				□通过 □不通过	

备注：任课老师可以通过平时教学过程中学习者学习态度、参与教学活动积极性、职场安全意识及终结性鉴定结果等确定其最后鉴定结果，每个学习者最多可以鉴定三次，鉴定老师可以把鉴定情况填写在上表中。

项目 5
网络通信系统故障诊断

学习任务

1. 秦先生有一辆奥迪 A6L 轿车，停放一天后无法着车。4S 店接车后，技师将汽车停车熄火，待车辆进入休眠状态后，使用诊断仪执行休眠电流测试功能，测量结果为 15A，测量总线的信号电压，发现 CAN-High 总线电压为 3.1V，CAN-Low 总线电压为 2.0V。同学们，你们能根据技师的诊断信息判断出该车故障原因是什么吗？

_____

2. 某高校实训课程上设置几辆故障车，要求学生用示波器检测 CAN 总线的信号波形，并诊断出 CAN 总线故障原因。其中小李同学检测到的 CAN 总线信号波形如下图所示，请同学们根据图中信息判断出该车 CAN 总线故障的原因。

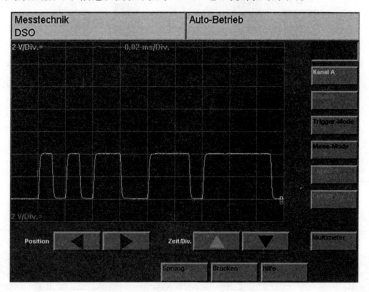

_____

3. 丰田汽车 4S 店接到一辆丰田凯美瑞故障车，客户反映在行车的过程中，频繁出现转速表、里程表、燃油表和冷却液温度指示表指示为零的现象，对此感觉很困扰，要求维修技师对该故障进行诊断维修。同学们，如果你是该店里的维修技师，你应该如何制定详细的诊断维修方案？

4. 汽车 LIN 总线作为辅助性的总线，其网络通信故障一般为控制单元故障或线路故障。当 LIN 总线的线路发生故障时，通过检测 LIN 总线的信号电压即可判断出故障类型。请同学们简述 LIN 总线的线路存在故障时，其信号电压将会如何变化？

5. 在汽车维修站工作的陈师傅接到一辆 2010 年 1.6L 排量的雪佛兰科鲁兹轿车，车主反映该车因驾驶人侧的升降器开关烧毁而进行过更换，之后驾驶人侧的主开关再也无法控制车辆上所有车窗的升降。而它们各自的分控开关均能正常控制自身车窗的升降，陈师傅使用诊断仪进行检测后，读取到的故障码为 U1538：总线 LIN3 失去通信。已知该车型总线网络连接如下图所示，请同学们针对该故障案例以及诊断结果写出一份维修方案。

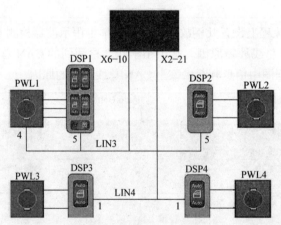

5.1 CAN 总线系统的故障诊断

故障描述	汽车 CAN 总线系统故障	
项目	作业记录	备注
1. 前期准备	观察实训车辆，初步分析汽车 CAN 总线系统故障的原因	
2. 安全检查		

（续）

故障描述	汽车 CAN 总线系统故障	
项目	作业记录	备注
3. 故障现象确认	接通点火开关时，起动发动机，观察汽车故障现象	
4. 故障码检查	查看有无故障码	
5. 正确读取故障码和清除故障码		
6. 确定故障范围		
7. 基本检查	（1）检查 CAN 总线终端电阻 （2）检查 CAN 总线信号电压 （3）检查 CAN 总线波形	
8. 部件测试		
9. 电路测量		
10. 确认故障部位		
11. 诊断结果报告		

5.2　LIN 总线系统的故障诊断

故障描述	汽车 LIN 总线系统故障	
项目	作业记录	备注
1. 前期准备	观察实训车辆，初步分析汽车 LIN 总线系统故障的原因	
2. 安全检查		
3. 故障现象确认	接通点火开关时，起动发动机，观察汽车故障现象	
4. 故障码检查	查看有无故障码	
5. 正确读取故障码和清除故障码		
6. 确定故障范围		
7. 基本检查	（1）检查 LIN 总线是否存在短路故障 （2）检查 LIN 总线是否存在断路故障	
8. 部件测试		
9. 电路测量		
10. 确认故障部位		
11. 诊断结果报告		

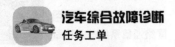

鉴 定

序号	学习目标	鉴定1	鉴定2	鉴定3	鉴定结论	鉴定教师签字
1	能够正确分析汽车CAN总线系统的故障诊断				□通过 □不通过	
2	能够正确分析汽车LIN总线系统的故障诊断				□通过 □不通过	

备注：任课老师可以通过平时教学过程中学习者学习态度、参与教学活动积极性、职场安全意识及终结性鉴定结果等确定其最后鉴定结果，每个学习者最多可以鉴定三次，鉴定老师可以把鉴定情况填写在上表中。

8）检查喷油信号，若无喷油信号，则检查控制线路和 ECU 等。
9）检查气缸压力、气门间隙和配气正时等。

气缸压力检测方法：

① 让发动机正常运转，使冷却液温度达到 75℃ 以上。

② 停机后，拆下空气滤清器，用压缩空气吹净火花塞或喷油器周围的灰尘和脏物，然后拆下全部火花塞或喷油器。对于汽油机，还应把高压线可靠搭铁，防止电击和着火。

③ 把气缸压力表的橡胶插头插在被测气缸的火花塞孔内（对于汽油机）或喷油器处（对于柴油机），扶正压紧，如图 2-7 所示，使节气门处于全开位置，用起动机带动曲轴旋转 3~5s（不少于四个压缩行程），待压力表指针指示并保持最大压力后停止转动。

④ 取下气缸压力表，记下读数，按下单向阀使压力表指针回零。

⑤ 按上述方法依次测量各缸，每缸测量次数不少于两次。每缸测量结果取算术平均值，与所测机型的气缸压力规范相比较，分析结果，判断气缸工作状况。一般汽油机气缸压力不得低于标准值的 20%，柴油机不得低于标准值的 15%。各缸之间的压力差，汽油机不得超过 5%，柴油机不得超过 8%。

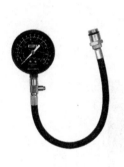 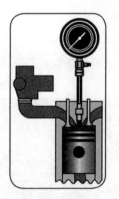 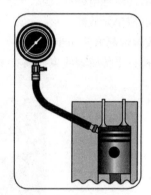

气缸压力表　　　　　汽油机测量气缸压力　　　　　柴油机测量气缸压力

图 2-7　检测气缸压力

10）检测排气管是否堵塞。

4．注意事项

1）工作前准备应到位（工具是否准备齐全、安全防护措施和防火措施应完善等）。

2）检测过程中请勿连续多次起动发动机。

3）检测气缸压力时压力表连接插头应与气缸体螺纹对正，安装火花塞时也应注意火花塞螺纹与气缸体螺纹对正，防止气缸盖损坏。

4）检测燃油压力时，注意防火。

5．案例描述

一位本田飞度三厢轿车车主描述，该车在行驶过程中突然熄火，然后再也无法起动。该车行驶 2 万多千米，使用状况良好，未进行过任何维修。打开点火开关，指示灯一切正常，接通点火开关起动发动机，起动机能带动发动机正常转动，但发动机不起动。

请同学们根据该车故障现象和本节所讲内容，对该车无法起动的故障进行诊断，并填写诊断记录表（见附录）。

2.1.2 混合气过浓的故障诊断

1. 故障现象

1)排气管冒黑烟、抖动、放炮。
2)热车起动比较困难,停放一段时候后容易起动。
3)发动机动力不足,不易加速。

2. 故障原因分析

1)空气滤清器脏污、堵塞或空气流量计故障导致进气量减少。
2)三元催化器堵塞,排气消声器积炭严重或排气管堵塞导致排气阻力增加。
3)油压调节器故障导致燃油压力过高。
4)喷油器故障导致喷油量增加。
5)点火提前角不正确。
6)正时带跳齿或正时机构装配不正确。
7)氧传感器信号错误。
8)活性炭罐电磁阀故障,处于常开状态。
9)电控单元故障。

3. 故障诊断方法与步骤

1)检查氧传感器线束插头有无松动或脱落现象,如图2-8所示。

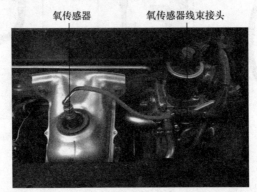

图2-8 检查氧传感器线束插头

2)读取故障码和数据流,根据故障码和数据流查找故障原因。
3)检查空气滤清器滤芯是否堵塞,若堵塞则清理或更换,如图2-9所示。

图2-9 检查空气滤清器滤芯

4）检查燃油压力是否过高。

5）检查喷油器是否有卡滞现象。

6）检查点火击穿电压,确定点火线圈是否工作正常。

发动机正常工作时,击穿火花塞间隙的电压一般在10kV左右。而在低温起动时,由于火花塞电极温度低,气缸内的温度与压力均低,混合气雾化不良,因此,击穿火花塞间隙的电压需要在19kV以上。

7）拆卸火花塞,检查火花塞工作情况。

8）检查活性炭罐电磁阀是否处于常开状态。

9）检查排气管是否堵塞。

4. 注意事项

1）工作前准备应到位(工具应准备齐全、安全防护措施和防火措施应完善等)。

2）勿使发动机长时间带故障运行。

3）安装火花塞时注意火花塞螺纹与气缸体螺纹对正,防止气缸盖损坏。

4）检测燃油压力时,注意防火。

5. 案例描述

一位1.6T英朗轿车车主描述,该车在行驶过程中发动机故障灯亮,到4S店检测,读取故障码显示1缸混合气过浓。依次更换过活性炭罐电磁阀、喷油器和三元催化器后,故障仍未排除。

请同学们根据该车故障现象和本节所讲内容,对该车混合气过浓的故障进行诊断,并填写诊断记录表(见附录)。

2.1.3 混合气过稀的故障诊断

1. 故障现象

1）发动机起动困难,起步容易熄火,起动后发动机转速不易提高。

2）怠速不平稳,容易熄火。

3）汽车行驶无力,加速易熄火。

4）排气管出现"砰砰"的放炮声。

5）换档有顿挫感。

2. 故障原因分析

1）进气系统真空管泄漏。

2）进气传感器不能准确检测进气量,导致喷油量不足。

3）油管破裂、弯折或堵塞,导致喷油量不足。

4）汽油滤清器堵塞或漏气。

5）汽油中有水分。

6）汽油泵故障。

7）喷油器故障,导致喷油量不足。

8）氧传感器信号错误。

9）正时机构装配不正确。

10）电控单元故障。

3. 故障诊断方法与步骤

1）检查氧传感器线束插头有无松动或脱落现象。

2）读取故障码和数据流，根据故障码和数据流查找故障原因。

3）检查进气系统是否漏气。

4）检查燃油压力是否过低。

5）检查喷油器是否堵塞。

6）检查配气正时是否正确。

7）检查氧传感器是否存在故障。

氧传感器是否损坏，可按下述方法进行检查：

① 拔下氧传感器的线束插头，使氧传感器不再与 ECU 连接，将电压表的正极测笔直接与氧传感器反馈电压输出端连接。

② 发动机正常运转时脱开接在进气管上的曲轴箱通风管或其他真空管，人为地形成稀混合气。此时，电压表读数应下降到 0.1～0.3V。

③ 接上脱开的曲轴箱通风管或真空软管，再拔下冷却液温度传感器插头，用一个 4～8kΩ 的电阻代替冷却液温度传感器或堵住空气滤清器的进气口，人为地形成浓混合气。此时，电压表读数应上升到 0.8～1.0V。

8）检查电控单元是否存在故障。

4. 注意事项

1）工作前准备应到位（工具应准备齐全、安全防护措施和防火措施应完善等）。

2）勿使发动机长时间带故障运行。

3）检测燃油压力时，注意防火。

5. 案例描述

一辆行驶里程约 10 万 km 的雅阁 2.0L 轿车，该车行驶途中发动机故障灯突然点亮，发动机怠速抖动厉害，油耗无明显增加。4S 店接车后读取故障码显示燃油系统混合气过稀。

请同学们根据该车故障现象和本节所讲内容，对该车混合气过稀的故障进行诊断，并填写诊断记录表（见附录）。

2.1.4　怠速不良的故障诊断

在制定怠速不良的故障诊断流程时要注意的是，如果怠速出现问题，故障检修方法或故障部位根据故障出现的情况不同存在很大的差异。对故障发生情况进行全面确认以及确定故障范围是属于怠速不良还是怠速故障是非常重要的。

微课视频
发动机怠速不良的
故障诊断

1. 故障现象

1）怠速时发动机抖动。

2）起动或加速时发动机抖动。

3）怠速过高，转速不稳，在 1500～2200r/min 之间波动。

4）加速缓慢，只能加到 3000r/min。

5）开空调时怠速转速波动，有游车现象。

2. 故障原因分析

1）进气系统漏气，空气滤清器堵塞等导致进气量不足。

2）怠速控制阀内旁通道和节气门体因积炭过多而堵塞，导致进气量减少，发动机转速降低。

3）EGR 阀在怠速时打开或软管漏气，使废气进入进气歧管，导致混合气中新鲜空气比例减少，怠速降低。

4）燃油蒸发系统电磁阀漏气，更多的燃油参与燃烧，但进气量没有增加，混合气过浓，使燃烧效率降低。

5）燃油压力过低，供油不足，使怠速降低。

6）喷油器堵塞，喷油量减少且雾化不良，使怠速降低。

7）喷油器线路断路或虚接，使喷油器不能正常工作。

8）燃油质量不好，影响燃烧效果。

9）火花塞点火质量不好。

10）点火线圈存在故障。

11）冷却液温度传感器和进气温度传感器信号线路故障或传感器本身故障。

12）气缸压力不足或气缸间压力差别过大，使发动机性能下降，怠速降低。

13）配气正时不准或点火正时不准。

14）电控单元故障。

3. 故障诊断方法与步骤

1）目视检查：线束有无松动、脱落和仪表指示情况。

2）读取故障码和数据流，根据故障码和数据流查找故障原因。

3）检查进气系统是否漏气，空气滤清器是否堵塞。

4）检查怠速阀内的旁通道和节气门体是否因积炭过多而堵塞。

5）检查 EGR 阀是否在怠速时就打开。

6）检查燃油蒸发系统电磁阀是否漏气。

7）检查燃油压力是否过低。

8）检查喷油器是否堵塞及喷油器线路是否正常。

9）检查燃油质量。

10）检查火花塞上是否有污物、裂纹或磨损，检查火花塞间隙是否正确，火花塞的电极是否烧损等。

11）检查发动机控制模块和点火控制模块之间的信号接线是否连接完好。

12）检查冷却液温度传感器和进气温度传感器是否工作良好。

冷却液温度传感器故障会造成汽车冷起动困难、供油不正常和加速无力等现象。冷却液温度传感器的检测方法如下：

① 用数字电阻模拟器模拟冷却液温度，与实际情况对比。

② 用万用表测冷却液温度传感器的电阻值，用电吹风加热冷却液温度传感器，电阻值减小。

③ 用万用表测冷却液温度传感器的电阻值，并用红外测温仪测试冷却液温度，与标准值对比。

进气温度传感器出现故障会导致混合气过浓或过稀，使发动机工作不稳定，进气传感器的检测方法如下：

① 单体检测：

关闭点火开关，断开进气温度传感器线束插头，拆下进气温度传感器。

用制冷剂或压缩空气对进气温度传感器降温,也可采用放入水中加温的方法对传感器进行加温。

用万用表电阻档测量传感器两端子间的电阻,其电阻值随温度的变化应与相应特性曲线的变化规律一致。进气温度传感器结构与特性曲线如图 2-10 所示。

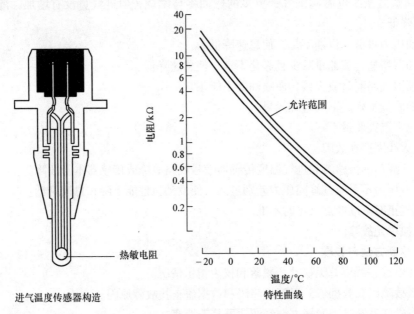

图 2-10 进气温度传感器结构与特性曲线

② 在线检测:

拔下进气温度传感器线束插头,接通点火开关,测量插头上 3# 端子与搭铁间的电压应为 5V。若无电压,则检查 ECU 插接器上 3# 端子与搭铁间的电压,若此处为 5V,说明 ECU 与传感器之间线路短路;若无 5V 电压,则 ECU 有故障。

插回插头,起动发动机,测量传感器 3# 端子与搭铁间在不同温度下的电压,应在 0.5~4V 之间变化(根据车型的不同略有差异,但变化规律基本相同)。如果测量值与规定值不符,说明进气温度传感器有故障或损坏,应更换。

13) 检查气缸压力是否正常。

4. 注意事项

1) 工作前准备应到位(工具应准备齐全、安全防护措施和防火措施应完善等)。
2) 勿使发动机长时间带故障运行。
3) 安装火花塞时注意火花塞螺纹与气缸体螺纹对正,防止气缸盖损坏。
4) 检测燃油压力时,注意防火。

5. 案例描述

一辆桑塔纳轿车,行驶里程 8 万 km。最近车主发现该车早晨冷车不易起动,起动后怠速运转不稳,热车后提速困难。

请同学们根据该车故障现象和本节所讲内容,对该车怠速不良的故障进行诊断,并填写诊断记录表(见附录)。

2.1.5 加速不良的故障诊断

1. 故障现象

1)发动机在各种转速下都运转不稳,且运转无力,气缸体抖动,加速困难,油耗增加,排气管有"突突"声。

2)发动机无负荷运转时基本正常,但加速时,发动机转速不能及时升高,甚至出现下降、熄火,并伴有爆燃声、排气管"突突"声或回火、放炮现象。

微课视频
发动机加速不良的故障诊断

3)车辆行驶时,踩加速踏板提速很小或不提速,加速踏板踏到底时仍然感到动力不足。

2. 故障原因分析

1)燃油泵油压低,导致喷油量减少。
2)喷油器雾化不良、堵塞,导致燃料利用率下降。
3)燃油滤清器轻微堵塞,导致燃油流动不畅。
4)进气歧管真空泄漏。
5)节气门位置传感器或空气流量计、进气歧管绝对压力传感器出现故障。
6)火花塞或高压线不良、高压火花弱。
7)点火正时不正确。
8)排气管有堵塞现象。
9)EGR系统工作不良。

3. 故障诊断方法与步骤

1)验证故障现象。
2)目视检查线束插头有无松动或脱落情况、仪表指示情况和真空管连接情况。
3)进行故障自诊断,检查有无故障码。空气流量计、节气门位置传感器和加速踏板位置传感器是否发生故障。有专用诊断仪的还需要观察动态数据流,按照出现的故障码和动态数据查找故障原因,如图2-11所示。

图2-11 加速不良自诊断和动态数据流

4)检查点火正时。怠速时通常为10°~15°(或按维修手册规定),若不正确,应调整发动机的初始点火提前角。加速时点火提前角应能自动加大到20°~30°。若有异常,应该检查点火控制系统。

5)测量各缸高压线电阻并拆检各缸火花塞。若高压线电阻大于25kΩ或高压线外表面有漏电痕迹,则应更换。观察火花塞间隙和颜色,调整间隙或更换火花塞。必要时用点火示波器检查点火系统波形,确认有无故障。

6)检查进气系统有无漏气。用真空表测量并结合在进气歧管附近喷油器清洗剂的方法检查是否漏气。

7)用示波器检查空气流量计、加速踏板位置传感器、节气门位置传感器的输出电压波形,若发现异常,应立即更换。

8)拆卸、清洗各喷油器。检查喷油器在加速工况下的喷油量。若发现异常,应立即更换。

9)检查排气管是否有堵塞的现象。

10)用汽油压力表测量燃油压力。急速时燃油压力应为0.25MPa左右或符合原厂规定,加速时应上升至0.3MPa左右或符合原厂规定。若油压过低,需检查油压调节器、汽油滤清器和汽油泵等。对缸内直喷发动机还应检查高压油轨中的燃油压力。

11)检查排气再循环系统的工作情况。

4. 注意事项

1)工作前准备应到位(工具应准备齐全、安全保护措施和防火措施等应到位)。

2)发动机请勿长时间带故障运行。

3)检查气缸压力时压力表连接插头与气缸体螺纹应对正,安装火花塞时也应注意火花塞螺纹与气缸体螺纹对正,防止气缸盖损坏。

4)进行燃油压力检查时应注意防火。

5. 案例描述

刘先生有一辆长安悦翔汽车,行驶总里程将近12万km,突然有一天在行驶过程中出现加速不良的现象,车辆明显没有动力。第二天刘先生来到4S店,要求排除此故障。

请同学们根据该车故障现象和本节所讲内容,对该车加速不良的故障进行诊断,并填写诊断记录表(见附录)。

2.1.6 动力不足的故障诊断

1. 故障现象

汽车发动机在无负荷运转时基本正常,但带负荷运转时加速缓慢,上坡无力,加速踏板踩到底时仍然感到动力不足,车速提升很慢,达不到最高车速。

微课视频
发动机动力不足的故障诊断

2. 故障原因分析

1)可燃混合气过浓或过稀,导致动力不足。

2)汽油质量不好或牌号过低。汽油中存在水分或机油导致燃烧异常,汽油牌号过低导致发动机功率下降。

3)气缸压力不足导致发动机动力不足。

4)配气相位异常。

5)曲轴箱内机油过稠或过多,曲轴旋转阻力过大。

6)空气流量计、爆燃传感器、节气门位置传感器、冷却液温度传感器或发动机控制模块存在故障。

7)点火正时不当或高压火太弱。

8)空压机、水泵或机油泵等附件因某种原因阻力过大。

9）发动机机械部分配合间隙过小，使发动机运行阻力增大。

10）EGR 系统存在故障，如果在发动机加速或大负荷运行过程中，排气再循环系统还处于开启状态，将会出现发动机动力不足的现象。

3. 故障诊断方法与步骤

1）验证故障现象。

2）目视检查。线束插头有无松动、脱落，仪表指示情况，真空管连接情况等。

3）进行故障自诊断，检查有无故障码的出现。影响发动机动力性的传感器和执行器主要有冷却液温度传感器、空气流量计或进气歧管绝对压力传感器、点火器和喷油器等。若有故障码，则按照所显示的故障码查找故障原因。

4）检查空气流量计（进气压力传感器）、爆燃传感器、节气门位置传感器、冷却液温度传感器以及发动机控制模块等是否存在问题。

进气压力传感器的检查：

① 基本检查。

a. 检查真空软管。检查进气压力传感器至进气歧管间的真空软管是否存在破损、漏气或不通畅等异常现象。若有异常必然会影响压力传感器的正常工作。

b. 检查传感器线路。先目测检查进气压力传感器的线路是否有断路、连接是否可靠。然后将线束插头拔下，检查各端子是否存在锈蚀、氧化而导致的接触不良。

② 电源电压的检测。

拔下传感器线束插头，接通点火开关但不起动发动机，此时 ECU 将加给传感器电源端子 5V 左右的电压。

用万用表的一表笔接 Vcc（电源）端子，另一表笔接 E2（搭铁）端子，如图 2-12 所示。电压值若为 4.5~5.5V，说明电压值正常。

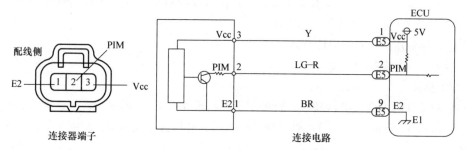

图 2-12 进气压力传感器插接器端子和连接电路

若电压值为零，将接 E2 端子的表笔与车架搭铁或通过导线与蓄电池负极接触，如果电压值正常，应检查 E2 端子通往 ECU 的导线。

如果电压值仍为零，则测量 ECU 线束中 Vcc 和 E2 端子的电压值，如果电压值正常，说明 ECU 至传感器的电源线断路，应予修复或更换。ECU 线束中 Vcc 和 E2 端子的电压值仍为零，说明 ECU 存在故障。

③ 输出电压的检测。

接通点火开关，拆下连接压力传感器与进气歧管的真空软管的一端。在大气压力下，测量 PIM（信号）端子的电压值，应在 3.3~3.9V。

将进气压力传感器的真空软管手动抽真空，从真空表读数为13.3kPa开始，每次递增13.3kPa，直到66.5kPa为止。测量在不同真空度下进气压力传感器的输出电压值，应符合规定值，否则说明传感器有故障。

5）检查燃油品质及油路是否畅通。

6）检查进气系统是否堵塞。

7）检查点火正时：当发动机温度正常后，怠速时点火提前角及加速时的点火提前角都应该符合规定。若点火提前角不正确，应检查曲轴位置传感器、凸轮轴位置传感器、爆燃传感器等信号是否出现错误。

8）检查节气门位置传感器的怠速开关是否调整正确，若不正确，应按照标准重新调整。

9）将加速踏板踩到底，检查节气门是否存在卡滞、能否全开。

10）检查各缸火花塞、高压线、点火线圈、点火器等，若有异常则立即更换。

11）检查冷却液温度传感器。在不同的温度下，冷却液温度传感器的电阻应能按照规定值变化。若不符合标准值，则需要更换冷却液温度传感器。

12）检查燃油压力。若压力过低，则应进一步检查电动燃油泵、油压调节器、燃油滤清器等。

13）拆卸喷油器。检查喷油器是否正常，若喷油量不正常或喷油雾化不良，则应该清洗或更换喷油器。

14）测量气缸压力。

15）检查空压机、水泵和机油泵等附件是否存在运行阻力过大。

16）检查发动机机械部分间隙。

17）检测尾气，分析空燃比是否正常。

4. 注意事项

1）工作前准备应到位（工具应准备齐全、安全防护措施和防火措施应完善等）。

2）检查气缸气压时压力表连接插头与气缸体螺纹应对正，安装火花塞时也应注意火花塞螺纹与气缸体螺纹对正，防止气缸盖损坏。

3）进行燃油压力检查时应注意防火。

4）检测尾气时应按规定将仪器预热。

5. 案例描述

一辆2004款的大众帕萨特轿车，行驶总里程将近9万km，因发动机加速无力，最高车速只能达到70km/h。此故障车主曾经到维修站检查过，并清洗了喷油器，更换了汽油滤清器，结果故障依旧。

请同学们根据该车故障现象和本节所讲内容，对该车动力不足的故障进行诊断，并填写诊断记录表（见附录）。

2.1.7 减速不良的故障诊断

1. 故障现象

汽车发动机怠速运转正常，但在行驶中突然松开加速踏板进行减速时，发动机经常发生熄火故障。

2. 故障原因分析

1）怠速调整过低。

2）怠速自动控制失常。

3）减速断油控制失常。

4）电控系统或点火系统线路接触不良。

5）燃油压力过低。

6）节气门位置传感器故障。

3. 故障诊断方法与步骤

1）验证故障现象。

2）目视检查线束插头有无松动、脱落，仪表指示情况，真空管连接情况等。

3）进行故障自诊断，检查有无故障码，观察动态数据流，按照故障码和动态数据查找故障原因。

4）若有怠速不稳现象，应先按怠速不良故障的检测方法进行检测。

5）检查发动机初始怠速，若初始怠速过低，应按照规定程序和标准进行调整。

6）检查节气门位置传感器，在节气门全闭时，节气门位置传感器内的怠速开关触点应闭合。若不能闭合，应按照标准进行调整。如果调整无效，则更换。

7）检查怠速控制阀。发动机熄火后拔下怠速控制阀线束插头，待发动机起动后再插上插头。如果发动机转速无变化，说明怠速控制阀不工作，应检查发动机怠速运转时，怠速控制阀线束插头内有无脉冲电压信号输出，若无信号，则应检查控制线路；若有信号说明控制阀损坏，应更换怠速控制阀。

8）检查怠速步进电动机。发动机熄火后拆下节气门位置传感器盖，轻踩加速踏板，观察怠速步进电动机是否动作，若不动作，检查怠速步进电动机线束插头内有无脉冲电压信号输出，若有信号说明电动机损坏，更换节气门位置传感器。

9）检查氧传感器信号是否正常。用检测仪器或示波器、万用表检查氧传感器信号，正常信号应该是在 0~0.9V 范围内变化。

10）检查急减速断油功能是否正常。拔下节气门位置传感器线束插头，用一根导线将插头内怠速开关的两接线插头短接，起动发动机，踩下加速踏板加速，观察发动机转速能否在断油转速和恢复供油转速之间来回变化，并记下恢复供油转速的数值。如果恢复供油转速过低（一般不低于 1200r/min），说明 ECU 内断油控制功能失常，应更换 ECU。

11）检查点火正时是否正确。起动发动机，使冷却液温度上升到 80℃，急加速，若转速不能随之立即增高，感到发闷或在排气管中有突突声，说明点火过迟；若出现类似金属敲击声，说明点火过早。

4. 注意事项

1）工作前准备应到位（工具应准备齐全、安全防护措施和防火措施应完善等）。

2）进行燃油压力检查时，应注意防火。

5. 案例描述

王先生有一辆 2.3L 广州本田雅阁轿车，在行驶中踩制动踏板，10 次至少有 3 次熄火。修车前进行路试，行驶中一切正常，但是当车速超过 30km/h 时，只要一猛踩制动踏板，发动机就会熄火。而在低速或者高速轻踩制动踏板时，往往不会熄火。

请同学们根据该车故障现象和本节所讲内容，对该车减速不良的故障进行诊断，并填写诊断记录表（见附录）。

案例3　活到老学到老

汽车技术的发展日新月异，汽车在不断地更新换代，因为汽车出现的故障也会翻新和多样化。在此，我们要了解汽车技术的发展速度、汽车的更新换代速度，以及汽车故障的多样性。随着技术的进步，网络通信、电子信息技术等在汽车上的应用，导致新的故障产生。维修人员必须要加强对新知识的学习，才能解决这些故障。

汽车故障本身也是一个自我发展的过程。比如，汽车开始由一个很小、不起眼的故障起步，随着汽车长年累月的行驶，小故障在"滚雪球"效应下，将会变成难以恢复的故障。如果维修人员不加以重视，不在故障的初级阶段进行维修的话，等到大故障出现，将会带来灾难性的后果。所以我们要坚持用发展的眼光看问题，就是要把汽车故障看成一个变化发展的过程，明确故障的阶段和处境，要坚持与时俱进，培养工匠精神，对故障进行积极检测与维修，消灭一切可能的灾难性后果。

汽车技术在不断发展，而且更新越来越快。汽车故障的种类也在发展变化，而且越来越多，即使是同样的事故也会随着汽车使用年限的增长变得越来越严重。牢固树立终身学习理念，做到活到老学到老，与时俱进地学习并掌握汽车技术及维修技术，才能提供人民满意的汽车维修服务。

2.2 点火系统的故障诊断

点火系统是汽油发动机的重要组成部分，点火系统能否适时地产生火花、充分地点燃混合气，对发动机的工作性能影响非常大。当点火系统出现问题时，应按其可能性大小的顺序，先检查可能性最大的原因，依次检查可能性较小的原因。

2.2.1 无分电器微机控制点火系统高压不跳火的故障诊断

微课视频
无分电器微机控制点火系统高压不跳火的故障诊断

发动机点火系统故障按其发生的位置不同，可分为低压电路故障、高压电路故障和电子控制电路故障等。低压电路故障是从点火开关到高压线圈初级端的电路故障；高压电路故障是从点火线圈的次级绕组高压线到火花塞的电路故障；电子控制电路故障主要指传感器、ECU 和点火器等部件的控制电路故障。无分电器微机控制点火系统工作原理如图 2-13 所示。

1. 故障现象

打开点火开关，起动发动机，发动机无反应；进行高压试火，高压线无火花产生。

2. 故障原因分析

1）曲轴位置传感器线圈烧坏插头接触不良、电源开路或气隙过大等。

2）点火线圈断路或短路。

3）ECU 损坏或 ECU 电源线路故障。

4）晶体管式点火器被击穿或失效。

项目 2 汽车发动机故障诊断

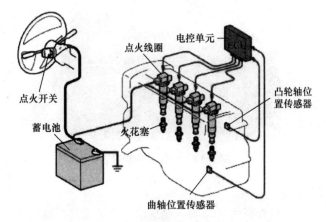

图 2-13 无分电器微机控制点火系统

3. 故障诊断方法与步骤

1）检查曲轴位置传感器是否出现故障。
2）用万用表检测点火线圈各绕组的电阻值，若不符合标准则更换。
3）用万用表欧姆档测量功率晶体管的正反向电阻值，若正反向电阻值相同，则说明功率晶体管损坏或失效。
4）用万用表欧姆档测量火花塞绝缘电阻，其绝缘电阻值应大于 $10M\Omega$。
5）检查 ECU 是否工作正常。

4. 注意事项

1）工作前准备应到位（工具应准备齐全、安全防护措施和防火措施应完善等）。
2）发动机请勿长时间的带故障运行。
3）注意火花塞线的次序不能装错。

5. 案例描述

一辆奥迪 A6L 轿车，某天早上起动时，发动机无法着车。检查发现起动机工作正常。进行高压试火，发现高压线无火花产生。

请同学们根据该车故障现象和本节所讲内容，对该车故障进行诊断，并填写诊断记录表（见附录）。

2.2.2 发动机爆燃的故障诊断

1. 故障现象

汽车发动机运转不平稳，车身抖动严重，发动机噪声大。

2. 故障原因分析

1）点火正时调整失准导致点火提前角过大。
2）汽油品质不好或汽油中有水分。
3）发动机冷却液温度过高引起爆燃。
4）发动机气缸盖积炭过多，如图 2-14 所示。
5）爆燃传感器拧紧力矩过小或爆燃传感器损坏。
6）发动机 ECU 故障。

图 2-14 气缸盖积炭过多

3. 故障诊断方法与步骤

1）进行故障自诊断，检查有无故障码，观察动态数据流。根据故障码和数据流查找故障原因。

2）检查点火提前角在各个工况下是否符合要求。

3）检查发动机冷却液温度是否正常。

4）检查爆燃传感器是否按规定力矩拧紧，并检查爆燃传感器是否损坏。

5）检查汽油品质。

6）检查气缸盖是否积炭过多。

7）检查发动机 ECU 是否存在故障。

4. 注意事项

1）工作前准备应到位（工具应准备齐全、安全防护措施和防火措施应完善等）。

2）勿使发动机长时间带故障运行。

5. 案例描述

一辆丰田卡罗拉 1.6L GL 轿车，根据车主反映，该车在坡道或路况较差的路面行驶时，突爆声音会非常明显，并且伴随着爬坡无力和油压增加等现象。

请同学们根据该车故障现象和本节所讲内容，对该车发动机个别缸不点火的故障进行诊断，并填写诊断记录表（见附录）。

课程育人

案例 4 洛杉矶光化学烟雾事件

美国洛杉矶光化学烟雾事件是 1940—1960 年间发生在美国洛杉矶的有毒烟雾污染大气的事件，世界有名的公害事件之一。

洛杉矶因早期金矿、石油和运河的开发，加之得天独厚的地理位置，使它很快成了一个商业、旅游业都很发达的港口城市。洛杉矶很快就变得空前繁荣，著名的电影业中心好莱坞和美国第一个"迪士尼乐园"都建在了这里。城市的繁荣又使洛杉矶人口剧增。白天，纵横交错的城市高速公路上拥挤着数百万辆汽车，整个城市仿佛一个庞大的蚁穴。

洛杉矶在 20 世纪 40 年代就已拥有 250 万辆汽车，每天大约消耗 1100t 汽油，排出 1000t 多碳氢化合物，300t 多氮氧化物 700t 多一氧化碳。另外，还有炼油厂、供油站等其他石油燃烧排放，这些化合物被排放到阳光明媚的洛杉矶上空，不啻制造了一个毒烟雾工厂。洛杉矶三面环山，大气污染物不易扩散，而且洛杉矶经常受到逆温的影响，更使污染物聚集在洛杉矶本地。

汽车尾气中的烯烃类碳氢化合物和二氧化氮被排放到大气中后，在强烈的阳光紫外线照射下，会吸收太阳光所具有的能量。这些物质的分子在吸收了太阳光的能量后，会变得不稳定起来，原有的化学链遭到破坏，形成新的物质。这种化学反应被称为光化学反应，其产物为含剧毒的光化学烟雾。这种烟雾使人眼睛发红、咽喉疼痛、呼吸憋闷、头昏、头痛。光化学烟雾事件致远离城市 100km 以外的海拔 2000m 高山上的大片松林也因此枯死、柑橘减产。

饱受光化学烟雾折磨的洛杉矶市民于 1947 年划定了一个空气污染控制区，专门研究污染物的性质和它们的来源，并探讨如何才能改变现状。

洛杉矶光化学污染事件是美国环境管理的转折点，其不仅催生了著名的《清洁空气法》，并始终起到了环境管理的先头示范作用。在洛杉矶，环境管理措施的核心包括：

1）设立空气质量管理区，加大区域环境管理部门的自主权，以期环境政策能够以最有效的方式落实。

2）设立排放许可证制度，严格控制排放源。

3）为交通污染源（从内燃机、汽油到排放）设立了严格环境标准。

4）开放环境交易市场，将市场化手段引入环境减排中。

5）投入很强的科研及管理力量，开发通用的环评软件及有效的污染控制技术。

经过半个多世纪的治理，尽管洛杉矶的人口增长了、机动车增长了，但该地区发布健康警告的天数明显减少。

对汽车排放污染物进行控制，不仅关系着人类的健康问题，同时对于人类所生存环境的保护也是一种责任和担当，是作为一名合格汽车工程师应具备的基本素养。城市要设立空气质量管理区，加大区域环境管理部门的自主权；建立排放许可证制度，严格控制排放源；为交通污染源设立严格环境标准；开放环境交易市场，将市场化手段引入环境减排中；投入科研及管理力量，开发通用的环评软件及有效的污染控制技术。在工程问题中不可避免地会碰到工程的完美性、经济性同人们的安全健康等生活需求相矛盾等问题，必须以保证人们安全健康为前提平衡二者关系。

2.3 润滑系统的故障诊断

润滑系统的故障主要分为两方面，一方面是润滑系统主要部件或者油路故障；另一方面是发动机故障导致的机油压力过低、变质等故障。润滑系统常见的故障有机油压力过低、机油压力过高、机油消耗异常和机油变质等。

2.3.1 发动机机油压力过低的故障诊断

1. 故障现象

1）发动机起动后，机油压力很快降低，机油压力警告灯亮或报警蜂鸣器响。

2）发动机在运转过程中，机油压力始终过低，机油压力警告灯亮。如图 2-15 所示。

图 2-15　机油压力警告灯

2. 故障原因分析

1）油底壳内机油不足。
2）机油黏度小，不符合要求。
3）机油管路有泄漏的地方。
4）机油滤清器旁通阀不密封，其弹簧折断或弹力不足。
5）机油泵磨损严重，限压阀调整不当，其弹簧折断或弹力不足，使供油压力过低。
6）机油集滤器堵塞。
7）曲轴主轴承、连杆轴承或凸轮轴轴承间隙过大。
8）机油压力表或机油压力传感器失效。

3. 故障诊断方法与步骤

1）检查机油量是否充足。检查发动机机油液面高度时应满足以下条件：

① 将车停放在平整地面上，起动发动机进行暖机，使机油温度不低于 60℃。
② 关闭发动机等几分钟，以便机油流回油底壳内，同时使机油冷却。
③ 拔出机油尺，用干净抹布擦净后再插回原处。
④ 再次拔出机油尺，读出液位。机油液面应处于最高与最低液面刻度线之间。若液面超过最高刻度线应排出多余机油。若液面低于最低刻度线，应及时按规定添加机油。机油尺的标记如图 2-16 所示。

2）检查机油黏度是否过小。用手指沾少许机油，两指拉开，检查机油是否过稀，如图 2-17 所示。

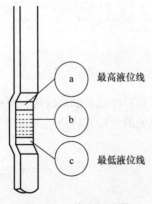

图 2-16　检查机油量

图 2-17　检查机油黏度

3）检查机油压力指示系统是否正常。先检查机油压力表与传感器的连接状况，若正常，拆下传感器导线，打开点火开关，使导线与机体搭铁。若机油压力表指针急速上升，则说明机油压力表良好；若机油压力表指针不动或微动，则说明机油压力表失效。

4）检查机油滤清器的滤芯和旁通阀是否堵塞，机油滤清器是否漏油，若有故障，则更换机油滤清器。

① 更换机油滤清器的注意事项：

更换机油滤清器时，为保证操纵安全，应将车辆停放在平整的地面上，如果地面倾斜，将导致机油排放不完全。

更换机油滤清器最好选择在行车前，若发动机运转过，至少应停机 30min 后进行，使机油充分回流到油底壳。

② 更换步骤：

a. 拆下放油螺塞，排出发动机机油。

b. 排放完毕后，把放油螺塞擦净后装上，按规定力矩拧紧（一般为 30N·m）。

c. 用机油滤清器扳手拧松机油滤清器，然后手动拆卸。

d. 用发动机机油涂抹在新机油滤清器 O 形密封圈上。

e. 把新的机油滤清器拧在机油滤清器支座上，直到 O 形密封圈与安装表面接触（注意识别滤清器 O 形密封圈与安装表面初始接触的精确位置）。

f. 再用机油滤清器扳手把机油滤清器拧紧 3/4 圈。拧紧力矩为 15N·m。

5）拆下油底壳，检查集滤器是否堵塞，机油进油管插头是否松动或油管是否破裂，若正常则进行下一步，如图 2-18 所示。

图 2-18　检查集滤器

6）检查机油泵是否磨损严重。若机油泵工作正常，则油压过低的原因可能是曲轴主轴承或连杆轴承的间隙过大所导致，应进行维修。

4. 注意事项

1）工作前准备应到位（工具应准备齐全、安全防护措施和防火措施应完善等）。

2）应根据季节变化加注车型专用机油。

3）机油加注量应符合规定。

5. 案例描述

一辆 2008 款迈腾，此车在行驶中发现发动机加速到 2000r/min 时机油警告灯点亮，在更换了机油滤清器的情况下，故障依旧。

请同学们根据该车故障现象和本节所讲内容，对该车发动机机油压力过低的故障进行诊断，并填写诊断记录表（见附录）。

2.3.2　发动机机油压力过高的故障诊断

1. 故障现象

1）发动机在正常温度和转速下，机油压力表读数高于规定值。
2）发动机在运转过程中，机油压力表读数突然增高。
3）机油压力表读数低，但高压机油冲裂机油压力传感器或机油滤清器盖等。

2. 故障原因分析

1）机油压力表或机油压力传感器，传感器线路有故障。
2）机油滤清器滤芯堵塞且限压阀卡滞或调整不当。
3）油底壳内机油液面过高。
4）机油变稠或新换机油黏度过大。
5）油道堵塞或大修后发动机主轴承、连杆轴承或凸轮轴承等间隙过小。

3. 故障诊断方法与步骤

1）检查机油液面是否过高，机油黏度是否过大，机油牌号是否符合要求。
2）检查机油压力指示装置有无故障。若接通点火开关无压力指示，则说明机油压力表或传感器有故障。
3）检查机油滤清器。若机油滤清器堵塞，滤芯过脏使机油回路堵塞，会造成机油压力过高。
4）检查调整限压阀，对于与机油泵一体的限压阀，则应拆检机油泵。
5）拆检发动机，检查清洗机油油道，并用压缩空气吹通；同时检查曲轴主轴承、连杆轴承和凸轮轴轴承等各配合间隙是否过小。

4. 注意事项

1）工作前准备应到位（工具应准备齐全、安全防护措施和防火措施应完善等）。
2）应根据季节变化加注车型专用机油。
3）机油加注量应符合规定。

5. 案例描述

一辆大众POLO 1.4L汽车，发动机在运转时有严重的气门异响，并在怠速运转时存在严重抖动现象，行驶时发动机动力明显不足。

请同学们根据该车故障现象和本节所讲内容，对该车发动机机油压力过高的故障进行诊断，并填写诊断记录表（见附录）。

2.3.3　发动机机油消耗过大的故障诊断

1. 故障现象

1）发动机各密封衬垫或油封处有机油泄漏。
2）发动机工作时，排气管冒蓝烟，火花塞、燃烧室积炭严重。
3）发动机机油消耗量超过规定值，如捷达轿车消耗量超过1.0L/1000km。

2. 故障原因分析

机油消耗过大的主要原因是烧机油或漏油，具体原因如下：

微课视频
发动机机油消耗过大的故障诊断

1）机油泄漏。

2）机油液面过高。

3）气缸磨损严重，活塞与气缸壁间隙过大。

4）活塞环对口、装反、弹力下降、侧隙过大或油环卡死等。

5）气门油封老化或损坏，气门导管与气门杆配合间隙过大，气门导管松动或燃烧室有裂纹，造成机油进入气缸燃烧。

6）PCV阀（曲轴箱强制通风阀）损坏，大量机油蒸气进入进气系统而燃烧。

7）涡轮增压器油封损坏或回油管堵塞。

8）某些带有空气压缩机的车辆，空气压缩机的活塞、活塞环、缸套磨损严重，机油窜入储气筒内。

3. 故障诊断方法与步骤

1）检查机油的外部泄漏情况，如图2-19所示。

2）检查机油是否加注过多。机油液面过高会使飞溅到气缸壁上的机油量增加，从而引起烧机油。

3）发动机高速运转时，若排气管冒蓝烟，打开加机油口观察，加油口有大量烟雾脉动冒出，则表明活塞与气缸之间窜油、漏气，应该解体检查。

4）拆下曲轴箱强制通风阀至进气歧管的真空管，观察真空管内部及进气歧管内是否存有机油的痕迹，若有则说明曲轴箱强制通风阀损坏。

5）拆下进气歧管观察进气门是否严重积炭或进气管道中是否有机油存留的痕迹。若有则说明气门导管与气门杆配合间隙过大、气门油封老化或损坏。也可以用内窥镜进行此项检查。

图2-19 检查机油外部泄漏情况

6）检查涡轮增压器。若涡轮增压器损坏，会造成排气管冒蓝烟或白烟，油耗上升，机油消耗量增加。

7）对于一些带有空气压缩机的车辆，打开储气筒油水放出阀，检查是否有过多的机油放出，若有则拆检空气压缩机。

8）对发动机进行拆解检查，主要检查燃烧室有无裂纹、气门导管是否松动、活塞是否偏缸、活塞环端隙和侧隙是否过大、活塞环是否装反或折断、油环是否卡死、油环与气缸间隙是否过大等。

4. 注意事项

1）工作前准备应到位（工具应准备齐全、安全防护措施和防火措施应完善等）。

2）应根据季节变化加注车型专用机油。

3）机油加注量应符合规定。

5. 案例描述

一辆2010款宝马320i车，搭载N46发动机，行驶里程约为6.3万km，因排气管冒蓝烟而进厂检修。经询问驾驶人得知，车辆排气管冒蓝烟的故障现象在加速时更明显，同时伴有机油消耗量过大的现象，大概每半个月就要加注1 L机油，用以维持机油液面高度，因此要求维修人员对车辆进行详细检查。

请同学们根据该车故障现象和本节所讲内容，对该车发动机机油消耗过大的故障进行诊断，并填写诊断记录表（见附录）。

2.3.4 机油变质的故障诊断

1. 故障现象

将机油滴在滤纸上，机油呈黑色并有杂质，用手捻搓，机油失去黏性并有杂质感；机油浑浊呈乳白色，机油变稀，液面高度增加，有燃油气味。

2. 故障原因分析

机油变质主要是由高温氧化或混入冷却液、燃油或其他杂质所致。具体原因如下：

1）机油品质差或使用时间过长。
2）气缸活塞组漏气或曲轴箱通风不良，机油受窜气污染而变质。
3）燃烧积炭炭渣、金属磨屑或其他杂质过多，落入油底壳使机油变质。
4）气缸垫损坏、气缸体或气缸盖破裂，冷却液漏入油底壳使机油变为乳白色。
5）机油散热不良、发动机过热，使机油温度超过 70~80℃，加速了机油高温氧化。

3. 故障诊断方法与步骤

1）根据机油的颜色和症状特征，判断机油是否变质。

① 手捻法。将机油捻在大拇指与食指之间反复研磨，较好的机油手感是有润滑性、磨屑少、无摩擦，若感到手指之间有沙粒般的较大摩擦感，则表明机油内杂质多，应更换新机油。

② 油滴痕迹法。取一张干净的白色滤纸，滴数滴油在滤纸上，待机油渗漏后，若表面有黑色粉末，用手触摸有阻涩感，则说明机油里面杂质已很多。品质好的机油无粉末，用手摸上去干而光滑，且呈黄色痕迹，如图 2-20 所示。

③ 气味识别法。机油如果出现变质会有浓烈的酸臭味道。拿出机油尺，贴近鼻子根据机油气味就能辨别机油是否变质。

图 2-20 油滴痕迹法

2）若机油呈浑浊乳白色且油面增高，说明冷却液进入机油。

3）若机油中有燃油味道，则说明曲轴箱窜气严重，检查曲轴箱通风阀是否失效。柴油机应检查喷油泵柱塞或出油阀是否磨损严重。

4）检查机油是否超期使用，未定期更换。

5）机油呈灰色且有燃油气温，表明机油已被燃油稀释，这通常是由于气缸活塞组存在漏气，导致不完全燃烧的燃料窜到油底壳造成的。

6）检查机油滤清器滤清效果是否良好，更换新的机油及滤清器。

4. 注意事项

1）工作前准备应到位（工具应准备齐全、安全防护措施和防火措施应完善等）。
2）应根据季节变化加注车型专用机油。
3）机油加注量应符合规定。

5. 案例描述

一辆北京 BJ2020VJ 型汽车,在行驶中发动机突然熄火,再起动后,发动机运转不平稳,且有异响,观察仪表,无机油压力指示,检查发动机机油发现机油变质。

请同学们根据该车故障现象和本节所讲内容,对该车发动机机油变质的故障进行诊断,并填写诊断记录表(见附录)。

课程育人

案例 5　汽车绿色维修

何谓绿色维修?绿色维修是以优质、高效、节能、节材、环保为主要目标,采用先进的技术和工艺设备,以最小的资源消耗、最少的废弃物产出,获得最大效能的维修。维修中的过程控制是绿色维修兼顾经济效益和环境效益的实施关键,对生产全过程进行科学的改革和严格的绿色管理,充分采用新设备、推广新工艺,在每个环节进行有目的的改进控制,才能积累出巨大的绿色效益。例如现在广泛使用的环保型液体交换机,在更换车用保养油液时可以有效缩短员工的工作时间,减少保养油液的损耗,还可以把油液换得更彻底、干净。仅以自动变速器油为例,传统换油方法每车需要消耗 7~9L 油液才能换彻底,新工艺只需要 5~6L 油液即可,年换油量在 3000 辆车的专营店每年度就节省油液至少 3000L,直接为客户节约费用至少 150000 元,同时减少排放废弃油液 3000L。还有常用的冷媒加注交换机也在形成着巨大的绿色效益,传统的冷媒表组加注每车标准冷媒 750g,加注过程中平均损失冷媒 100g,造成极大的污染浪费,使用冷媒加注设备,这种加注损失完全可以避免,加注更为准确,按维修 5000 辆车的专营店测可减少污染排放冷媒 500000g,直接为客户节约费用 100000 元以上。绿色维修不仅革新了生产设备工具,而且随着表面修复技术的广泛应用,不解体修复的技术也形成了巨大的效益。

绿色不仅是一种理念,更渗透并影响着人类社会的方方面面,生态文明发展的战略意义,早已上升到国家经济社会发展的层面上。绿色维修是生态文明建设的重要实践,也能为环境保护做出贡献。不仅如此,随着人类绿色的需求越来越大,要求越来越高,从广义上看收获的社会效益和环境效益是不可估量的。目前人们对绿色的认识虽然在提升,但是绿色意识依然不强,作为今后将从事汽车维修与服务工作的学生,需要牢固树立绿色意识,坚定不移坚持绿色维修,为还天空一片湛蓝奉献力量。

2.4　冷却系统的故障诊断

冷却系统的主要故障是发动机过热。过热现象主要有:冷却液充足但发动机过热,冷却液不足引起的发动机过热和发动机突然过热等。

2.4.1　冷却液充足但发动机过热的故障诊断

1. 故障现象

1)发动机的冷却液充足,但在行驶中冷却液温度超过 90℃,直至沸腾,

微课视频
冷却液充足但发动机过热的故障诊断

俗称"开锅"。

2）运行中冷却液在90℃以上，一停车，冷却液立刻沸腾。

2. 故障原因分析

主要原因有两个方面：第一个就是冷却系的散热能力下降，第二个就是发动机产生的热量增加。

1）冷却系本身的原因。

① 百叶窗不能开启或开度不足，或散热器芯之间堵塞导致空气无法流动。

② 风扇传动带太松或因油污而打滑。

③ 散热器出水管老化吸瘪或内壁脱落堵塞。

④ 冷却风扇装反或风扇规格不对。

⑤ 电动风扇不转或风扇离合器损坏，使风扇不转或转速过低。

⑥ 节温器失效使冷却液大循环受阻。

⑦ 水套水垢沉积过多或分水管堵塞。

⑧ 散热器内芯管堵塞或散热片倾倒过多。

⑨ 水泵损坏。

⑩ 气缸垫烧穿或气缸盖出现裂纹，使高温气体进入冷却系。

2）其他系统的原因。

① 点火时间过迟。

② 混合气过浓或过稀。

③ 燃烧室积炭过多。

④ 发动机机油量不足或过多，机油黏性不符合要求或机油散热器工作不良。

⑤ 汽车使用条件的影响（如道路、气候、风向和负荷等）。

3. 故障诊断方法与步骤

车主应经常检查冷却液是否充足，在发动机处于冷态时检查膨胀水箱内冷却液的液位是否处在最高刻度线和最低刻度线之间，如图2-21所示。

发动机冷却液的排放：

① 将车辆停放在平整地面上。

② 在发动机冷态条件下拧下散热器盖。注意发动机温度过高时不能打开散热器盖，防止热的冷却液溅出烫伤。

③ 将散热器放水开关拧松，排放冷却液至规定液位时拧紧放水开关。

④ 排放完成后拧紧散热器盖。

发动机冷却液的加注：

① 将车辆停放在平整地面上。

② 在发动机冷态条件下拧下散热器盖。

③ 按标准加注同牌号的冷却液至规定液位。

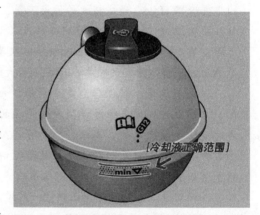

图2-21　冷却液正常液位

④ 将发动机起动运行 2～3min，冷却液循环时会把冷却系统内的空气排出，并使冷却液液面降低，然后按标准补足。

⑤ 添加完成后，拧紧散热器盖和膨胀水箱盖。

1）先检查百叶窗是否打开或开度不足。若开度足够，检查散热器芯之间有无异物、泥垢堵塞导致空气无法流动。若无堵塞，再检查风扇的转动情况及风扇传动带是否打滑。若风扇不转或转速太低，可调整风扇传动带松紧度，检查风扇离合器，检查风扇电动机及温控开关的好坏，若损坏，则应更换新件。

2）若风扇转动正常，再用手分别感觉散热器和发动机的温度。若散热器温度低，而发动机温度高，则说明冷却液循环不良。应检查散热器出水胶管是否被吸瘪，或胶管内壁是否有脱层堵塞，若胶管被吸瘪，应更换新的胶管。

3）若散热器出水良好，再拆松散热器进水管，起动发动机试验，冷却液应有力排出，否则说明水泵或节温器有故障。应进一步拆下节温器试验，若散热器的进水管仍不排水，则说明水泵有故障；若拆下节温器后，散热器的进水管变得排水有利，则说明节温器故障，应进一步检查节温器。

节温器的检测：

① 检查节温器阀门的开启温度。拆下节温器（一般安装在发动机水套出水口处），将其浸入水中。逐渐将水加热，检查节温器主阀门的开启温度，如图 2-22a 所示。如果节温器主阀门开启温度不符合要求或在常温下关闭不严，应更换节温器。

② 检查节温器阀门的升程。当冷却液温度加热到 93℃时节温器阀门的升程应大于 8.5mm，如图 2-22b 所示。如果阀门升程不符合规定，应更换节温器。

③ 节温器在 75℃以下时，阀门应完全关闭，若未完全关闭，应更换节温器。

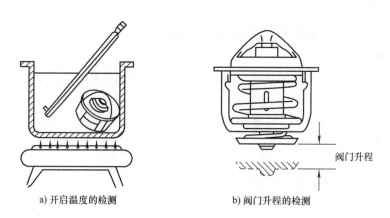

a) 开启温度的检测　　b) 阀门升程的检测

图 2-22　节温器开启温度和阀门升程的检测

4）检查散热器各部件温度是否均匀。如果冷热不均，说明散热器内部芯管有堵塞或散热片倾倒过多；若发动机的后端温度高于前端，则说明分水管已损坏或堵塞，应换新件。如图 2-23 所示。

5）若以上检查正常，在冷却液温度过高的同时，发动机动力明显下降，并从散热器的加水口处涌出高温气体或从排气管处排出水蒸气，则应检查气缸垫是否烧坏，如图 2-24 所示。

 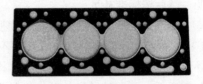

图 2-23 检查散热器　　　　　　　图 2-24 检查气缸垫

6）对于长期未清洗水垢的发动机，若出现过热无法排除时，应考虑水套内积垢太多，可采用化学溶剂法清洗水垢。

7）还应检查是否有其他系统原因引发的过热。

8）若发动机冷却液温度正常，冷却液位也正常，而冷却液温度表指示冷却液温度过高或冷却液温度过高警告灯点亮，则为冷却液温度表、警告灯电路等故障。

4. 注意事项

1）工作前准备应到位（工具应准备齐全、安全防护措施和防火措施应完善等）。

2）补充冷却液时应使用相同牌号的冷却液。

3）加注冷却液时应待冷却液温度下降后再进行加注。

5. 案例描述

一辆一汽大众迈腾 2008 款轿车，行驶总里程 9.8 万 km。一天在行驶中出现了冷却液温度报警，发动机温度过高的现象，检查冷却液液面正常。

请同学们根据该车故障现象和本节所讲内容，对该车冷却液充足，发动机过热的故障进行诊断，并填写诊断记录表（见附录）。

2.4.2 冷却液不足引起发动机过热的故障诊断

1. 故障现象

发动机冷却系统未容纳规定的冷却液量或在运行中冷却液消耗异常，使发动机过热。

2. 故障原因分析

1）水套或散热器积垢过多、堵塞。

2）散热器漏水。

3）散热器盖的进、排气阀失效。

4）水泵水封不良或叶轮密封垫圈磨损严重而漏水。

5）冷却系其他部位漏水。

6）气缸垫水道孔与气缸相通。

7）个别进气通道破裂漏水。

8）气门室内壁破裂漏水。

3. 故障诊断方法与步骤

1）在发动机运转时，首先检查冷却系统外部是否漏水，如散热器、水管连接处等。

2）水泵泄水孔漏水，常常被误认为散热器出水管漏水，可用干燥、洁净的木条伸到水泵的泄水孔处，若木条上有水，则说明水泵漏水。

3）若冷却系外部不漏水，则应考虑冷却系内部是否漏水。若发动机运转时，排气管排出大量的水蒸气或拔出机油尺发现机油中有水。则为水套破裂或气缸垫水道孔破损,使冷却液漏入曲轴箱、气缸内或进、排气道内。

4. 注意事项

1)工作前准备应到位(工具应准备齐全、安全防护措施和防火措施应完善等)。
2)补充冷却液时应使用相同牌号的冷却液。
3)加注冷却液时应待冷却液温度下降后再进行加注。

5. 案例描述

一辆上海大众帕萨特 2013 款轿车,行驶总里程 7.8 万 km。在行驶中冷却液消耗异常,使发动机过热。

请同学们根据该车故障现象和本节所讲内容,对该车发动机过热的故障进行诊断,并填写诊断记录表(见附录)。

2.4.3 发动机突然过热的故障诊断

1. 故障现象

1)起动后,发动机冷却液温度迅速升高而产生沸腾现象。
2)行驶中发动机突然过热。

2. 故障原因分析

1)风扇传动带断裂。
2)水泵轴与叶轮脱转。
3)冷却系严重漏水。
4)节温器主阀门脱落致使冷却液不能进行大循环。
5)气缸垫烧穿或气缸盖出现裂缝,高温气体进入冷却系。

微课视频
发动机突然过热的故障诊断

3. 故障诊断方法与步骤

若汽车在行驶中发动机突然过热,且冷却液沸腾,此时切莫使发动机立即熄火,应急速运转散热 5min,待冷却液温度下降后,再补加冷却液。

1)首先检查冷却液是否充足,再检查风扇是否转动。若风扇停转,应查看风扇传动带是否断裂;硅油风扇离合器或电磁式风扇离合器是否损坏;若为电动风扇,则应检查冷却液温度开关、风扇电动机及其电路是否损坏。

2)若风扇运转正常,冷却液数量足够,可用手感觉散热器和发动机的温度,若发动机温度很高,而散热器温度很低,则说明节温器失灵或水泵损坏。

3)若冷态起动后,散热器口立即向外溢水并排出大量气泡,冷却液呈现沸腾状态,多为气缸套、气缸盖出现裂纹或气缸垫烧蚀,使高温高压气体窜入水套。此时应分解气缸盖、气缸体,焊修裂纹或更换气缸套、气缸垫。

4. 注意事项

1)工作前准备应到位(工具应准备齐全、安全防护措施和防火措施应完善等)。
2)补充冷却液时应使用相同牌号的冷却液。
3)加注冷却液时应待冷却液温度下降后再进行加注。

5. 案例描述

一辆新款毕加索轿车,搭载 2.0L 发动机,行驶里程 8 万 km,一天冷车起动后,发动机冷

却液温度迅速升高而产生沸腾现象,行驶中发动机突然过热。

请同学们根据该车故障现象和本节所讲内容,对该车发动机过热的故障进行诊断,并填写诊断记录表(见附录)。

课程育人

案例 6 "明城墙的砖"告诉我们:诚信是立身之本

南京明城墙是世界上最坚固的城墙之一,在当时也是全球最长的城墙,从修建到今天已600多年,朝代都已换了几茬,但明城墙依然屹立在那儿。朱元璋的亲自检查以及合理的政策是明城墙坚固至今的重要原因。朱元璋下旨,令各产地地方官员以及负责砖块制造的基层负责人和工匠农夫都要在所制造的砖块上刻下姓名,以便在出现质量事故时追究责任,最高处以极刑。因此上至地方官员下至烧砖工匠农夫,无不诚信做事,严把质量。直到今天,明城墙中华门上面所刻的名字仍能清晰可认。这种诚信意识,保证了城墙的六百多年不倒。

显然,这项工程之所以如此坚固,关键在于所有建造者都以诚信造砖,以诚信筑墙。他们都有担当,这才是根本。

诚信是人安身立命之本,也是一个组织赖以生存发展的基石,因此,无论外界如何,我们都应坚守诚信。讲诚信,不只停留在口头上,关键要落实在行动上。青年要从现在做起,从点点滴滴、时时处处、一言一行做到诚信,即诚信做作业、诚信考试、诚信评优、诚信选举干部、诚信贷款,甚至助人也需要诚信。诚信是社会主义核心价值观的重要内容,是建设和谐社会的需要。新时代的大学生,要做提升全社会诚信道德水平的引领者、示范者和推动者。

2.5 起动系统的故障诊断

通常在诊断起动系统之前,首先应检查蓄电池的状态。许多起动系统的问题是由蓄电池导致的,如果起动系统在蓄电池亏电的状态下进行检测诊断,结果很可能被误导,结论也可能是错误的,所以可以先使用蓄电池检测仪确认蓄电池的工作状态。其次,对起动系统的线路外观进行检查,修理和更换腐蚀、松动的接插件、线束和其他附件,检查蓄电池的正负极柱的外观,确定起动机搭铁线的可靠性等。

2.5.1 发动机不能起动的故障诊断

1. 故障现象

起动发动机时,起动机能带动发动机正常转动,有起动征兆,但不能起动。

2. 故障原因分析

1)进气管漏气,导致混合气过稀。
2)点火正时不正确,导致发动机不能正常点火。
3)高压火花过弱,导致混合气不能正常燃烧。
4)燃油压力过低,导致混合气过稀。

微课视频
发动机无法起动的
故障诊断

5）冷却液温度传感器有故障，导致空燃比失调。
6）空气滤清器堵塞，导致进气不足。
7）空气流量计有故障，导致空燃比失调。
8）喷油器堵塞或漏油，导致混合气过稀或过浓。
9）喷油控制系统有故障，导致混合气过稀或过浓。
10）气缸压力过低，导致混合气不能正常燃烧。

3. 故障诊断方法与步骤

1）利用故障诊断仪检查有无故障码。如有故障码，则可按照显示的故障码查找相应的故障原因（要注意所显示出的故障码不一定都与发动机不能起动有关，间接性故障一般不会影响发动机的起动性能。影响起动性能的部件主要有曲轴位置传感器和冷却液温度传感器等）。

2）检查高压火花。如果高压火花不正常，则检查高压线、点火线圈和火花塞等部件。

3）检查空气滤清器，如果滤芯过脏堵塞，可拆掉滤芯后再起动发动机，若能正常起动，则应更换滤芯。

4）检查进气系统有无漏气。在空气流量计之后的进气管道有漏气现象会影响进气量测量的准确性，使混合气变稀。严重的漏气会导致发动机不能起动。检查中应仔细查看空气流量计之后的进气软管有无破裂，各处插头卡箍有无松脱，谐振腔有无破裂，曲轴箱通风软管是否接好等。燃油蒸发回收系统和排气再循环系统在起动及怠速运转中是不工作的。如果它们在起动时就进入工作状态，则会影响起动性能。将燃油蒸发回收软管或排气再循环管道堵住，再起动发动机，若能正常起动，说明该系统有故障，应认真检查。

5）检查燃油压力。如果燃油压力过低，应检查燃油滤清器、油压调节器及燃油泵有无故障。

6）检查火花塞。火花塞间隙过大、过小、有裂纹或积炭严重也会影响起动性能。火花塞正常间隙一般为 0.9mm，有些高能电子点火系统火花塞间隙较大，可达 1.2mm。若火花塞间隙过小、过大，则应按照车型维修手册所示标准值进行调整或更换，同时注意检查火花塞有无积炭、裂纹等。

7）若火花塞表面有大量潮湿汽油，说明喷油量过大，可拆下所有火花塞，将表面汽油清洁，装上火花塞重新起动。如果仍存在喷油量过大的现象，应拆卸喷油器，检查喷油器有无漏油。

8）空气流量计或冷却液温度传感器故障也会引起喷油量过大或过小。若出现此情况，应对照车型维修手册中的有关数据测量这两个传感器。

9）检查点火正时。如果点火提前角不准，应校准点火正时后再起动发动机检查故障是否排除。

4. 注意事项

1）工作前准备应到位（工具应准备齐全、安全防护措施和防火措施应完善等）。
2）发动机请勿长时间的带故障运行。
3）安装火花塞时应注意将火花塞螺纹与气缸体螺纹对正，防止气缸盖损坏。
4）传感器应该按规定力矩拧紧。

5. 案例描述

王先生有一辆 2008 款宝来 1.6L 手动档轿车，行驶 8 万 km。王先生某天早上开车去上班时，发现汽车发动机有起动迹象，但是无法起动。

请同学们根据该车故障现象和本节所讲内容，对该车发动机不能起动的故障进行诊断，并填写诊断记录表（见附录）。

2.5.2 发动机起动困难的故障诊断

1. 故障现象

起动机能带动发动机按正常转速转动，但是需要较长时间才能起动或者需要连续多次才能起动。

2. 故障原因分析

1）进气系统漏气。

2）燃油压力过低。

3）空气滤清器滤芯堵塞。

4）冷却液温度传感器故障。

5）空气流量计故障。

6）急速控制阀故障。

7）喷油器故障。

8）点火正时不正确。

9）气缸压力过低。

3. 故障诊断方法与步骤

1）故障自诊断。利用故障诊断仪检查有无故障码。如有故障码，则可按照显示的故障码查找相应的故障原因。

2）检查急速时进气管的真空度。若真空度小于标准值，说明进气系统中有空气泄漏。

3）检查空气滤清器。若滤芯堵塞，则应清洗或更换滤芯。

4）检查急速控制阀。若节气门在1/4左右开度时发动机能正常起动，全关时起动困难，那么就应该检查急速控制阀是否工作正常。在冷车急速运转中，拔下急速控制阀线束插头，若发动机转速没有下降，则说明急速控制阀工作不正常。

急速控制阀的检测，如图2-25所示：

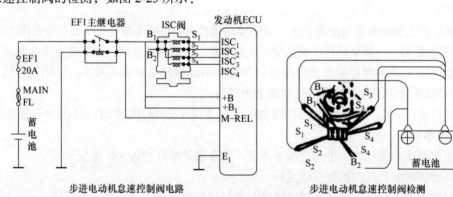

图2-25 急速控制阀的检测

① 把急速控制阀线束插头拆开，打开点火开关，但不起动发动机。测量B2端子与搭铁之间的电压和B端子与搭铁间的电压值，均应为9~14V，否则说明急速控制阀电源电路存在故障。

② 起动发动机，再熄火，2~3s内应能听到急速控制阀内部发出的"嗡嗡"响声，否则应进一步检查急速控制阀、控制电路及ECU。

③ 把怠速控制阀线束插头拆开，在控制阀侧分别测量端子 B1 与 S1、B1 与 S3、B2 与 S2、B2 与 S4 间的电阻，阻值应为 10~30Ω，否则应更换怠速控制阀。

④ B1、B2 端子接蓄电池正极，蓄电池负极依次跨接 S1→S2→S3→S4，此时正常的怠速控制阀应一步一步地向外伸出，而按反次序跨接 S4→S3→S2→S1，怠速控制阀应一步一步地收缩，伸长或收缩的总高度应在 10mm 左右。若工作情况不符合上述要求，应更换怠速控制阀。

5）检查燃油压力。

6）检查冷却液温度传感器和空气流量计。拔下冷却液温度传感器和空气流量计线束插头，用万用表欧姆档测量温度传感器和空气流量计各接线端子之间的电阻。若阻值不符合标准，应更换。

7）如果是在冷车时不易起动，而热车时起动正常，应重点检查冷却液温度传感器向发动机电控单元传送的信号是否正常，可以通过故障诊断仪读取数据流。若数据流显示的数值与冷却液实际温度不符，则应检查传感器的阻值，对照维修手册判断冷却液温度传感器是否失效，若失效应进行更换。

8）如果是在热车状态下不易起动，应检查在点火开关关闭后，燃油系统的保持压力是否正常。接上燃油压力表，在关闭点火开关（发动机熄火）后，5min 内燃油压力应保持不低于 0.15MPa 左右。如果保持压力过低，则很可能是电动燃油泵上单向阀出现工作不良。

9）在发动机怠速运转时检测点火正时。若不符合标准，应予以调整。

10）检查气缸压力。若压力过低，应拆检发动机。

4. 注意事项

1）工作前准备应到位（工具应准备齐全、安全防护措施和防火措施应完善等）。

2）发动机请勿长时间的带故障运行。

3）进行燃油压力检查时应注意防火。

5. 案例描述

一辆上汽名爵 MGS 轿车，配备 1.5L VTi 发动机，行驶仅仅约 5000km，发动机就起动困难，有时甚至无法起动；在刚起动着车的几分钟内加速困难，起步后无法提速，但短时间后又可以恢复正常行驶。

请同学们根据该车故障现象和本节所讲内容，对该车发动机起动困难的故障进行诊断，并填写诊断记录表（见附录）。

2.5.3 起动系统不运转的故障诊断

1. 故障现象

将点火开关置于起动档，起动机不运转。

2. 故障原因分析

1）蓄电池容量不足或各导线连接松动、接线柱脏接触不良。

2）起动电磁开关线圈断路或接触不良。

3）起动继电器触点烧蚀、继电器电磁线圈断路或烧坏。

4）起动机内部电枢轴弯曲或轴承过紧、换向器脏污或烧蚀、电刷磨损过度、弹簧过软不能接触、电枢绕组或励磁绕组短路、断路或搭铁。

微课视频
起动系统不运转的
故障诊断

5）起动防盗系统故障。

3. 故障诊断方法与步骤

对于有起动防盗系统的汽车，将点火开关转到"ON"位。观察防盗系统指示灯是否异常，若有异常应先排除防盗系统的故障，然后再逐一进行诊断。

1）按喇叭，开前照灯。如果喇叭不响，前照灯不亮，则为蓄电池及其路线故障。

2）若喇叭声响、前照灯亮度都正常，则在打开前照灯的同时起动起动机。

① 若前照灯灯光变暗，起动机不转，则为起动机搭铁故障。

② 若前照灯亮度不变，起动机不转，短接起动机电磁开关，起动机能正常运转为电磁开关故障；有火花，起动机不能运转，则为起动机内部机械故障；无火花，起动机不转，则为起动机内部绕组断路故障，图2-26为起动机结构图。

③ 若仪表指示大量放电，起动机不转，则为起动机连接线路或继电器搭铁故障。

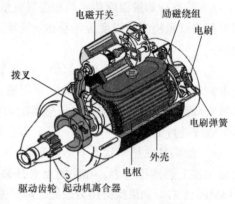

图2-26 起动机结构图

4. 注意事项

1）工作前准备应到位（工具应准备齐全、安全防护措施和防火措施应完善等）。

2）做短接检查时，先明确所要短接的接线柱后，方可进行短接。

3）严格控制短接时间，不能过长（不超过5s）。

4）用蓄电池作电源时，起动次数不能太多，以免蓄电池过放电。

5. 案例描述

一辆丰田威驰轿车，行驶总里程10万km，发现该车无法起动，没有任何起动征兆，检查后发现是起动机不运转。

请同学们根据该车故障现象和本节所讲内容，对该车起动机不运转的故障进行诊断，并填写诊断记录表（见附录）。

2.5.4 起动系统运转无力的故障诊断

1. 故障现象

起动机转动缓慢无力，带动发动机困难或接通起动开关，起动机只有"咔哒"声，但不转动。

2. 故障原因分析

1）蓄电池电量不足或连接导线松动，接触不良。

2）起动机轴承过紧或松旷，电枢轴弯曲有时碰擦磁极，换向器和电刷间脏污或电刷磨损过短、弹簧过软，电枢和励磁绕组短路。

3）起动开关触点烧蚀或电磁开关线圈短路。

4）电枢移动式起动机串联辅助线圈断路或短路。

3. 故障诊断方法与步骤

1）起动机出现无力时，首先检查蓄电池电量是否充足。尤其是寒冷地区的冬季，发动机转动的阻力增大，蓄电池的容量下降，是起动机转动无力的主要因素。

2）其次检查线路中有无接触不良部位。如果蓄电池电量较足，无接触不良部位，可用粗导线将起动机开关与接线柱接通，若起动机转动有力，应检查开关触点是否已严重烧蚀或接触松动而引起导电不良。

3）若还不正常，则故障在起动机本身，应进一步检查电刷的磨损是否严重，电刷弹簧的弹力是否不足，换向器是否太脏等。

4）经清洁、更换电刷后，故障仍不能排除时，再检查励磁绕组和电枢绕组有无短路处。

4. 注意事项

1）工作前准备应到位（工具应准备齐全、安全防护措施和防火措施应完善等）。

2）做短接检查时，先明确所要短接的接线柱后，方可进行短接。

3）严格控制短接时间，不能过长（不超过 5s）。

4）用蓄电池作电源时，起动次数不能太多，以免蓄电池过放电。

5. 案例描述

一辆北京现代轿车，行驶总里程 8 万 km，发现该车起动困难，检查后发现是起动机运转无力。

请同学们根据该车故障现象和本节所讲内容，对该车起动机运转无力的故障进行诊断，并填写诊断记录表（见附录）。

2.5.5 起动机空转的故障诊断

1. 故障现象

接通点火开关，起动机高速空转，但发动机曲轴不转动。

2. 故障原因分析

1）单向离合器打滑。

2）拨叉与电磁开关或单向离合器与拨叉环脱开。

3）飞轮齿圈或驱动齿轮损坏。

4）起动机电枢轴支承衬套磨损严重。

3. 故障诊断方法与步骤

1）将曲轴转动一定角度后重新起动发动机，若起动正常，则说明飞轮齿圈少数的齿轮损坏，应更换齿圈。

2）若起动机仍然空转，应拆下起动机检查变速器壳上电枢轴支承衬套是否磨损严重。

3）若衬套良好，应检查单向离合器是否打滑，驱动齿轮是否损坏，拨叉与电磁开关是否脱开，拨叉各铰接部件是否磨损松旷等，并根据情况予以修复或者更换。

4. 注意事项

1）工作前准备应到位（工具应准备齐全、安全防护措施和防火措施应完善等）。

2）做短接检查时，先明确所要短接的接线柱后，方可进行短接。

3）严格控制短接时间，不能过长（不超过 5s）。

4）用蓄电池作电源时，起动次数不能太多，以免蓄电池过放电。

5. 案例描述

一辆上海大众帕萨特 2008 款轿车，行驶总里程 11 万 km，起动时发现起动机高速空转，但发动机曲轴不转动。

请同学们根据该车故障现象和本节所讲内容,对该车起动机空转的故障进行诊断,并填写诊断记录表(见附录)。

案例 7 培养敬业精神

汽车诞生至今也就一百多年的历史,而在这一百多年中,汽车的发展经历了三次重大的变革。第一次变革:流水线大批量生产,汽车成为大众化的商品。第二次变革:汽车产品多样化,汽车由单一向多元化发展,出现了各种类型、各种用途的汽车。第三次变革:先进的生产方式使汽车的品质逐步提高。汽车能在短短的一百多年里发展到现在的水平,是因为有许许多多拥有敬业精神的人投入其中,才使汽车行业能够蓬勃发展。

所谓敬业精神,是指人们基于对一件事情、一种职业的热爱而产生的一种全身心投入的精神,是社会对人们工作态度的一种道德要求。更具体来说,敬业精神就是指在工作中树立主人翁意识,追求崇高的职业理想,具有认真踏实、恪尽职守、精益求精的工作态度;力求干一行爱一行,努力成为本行业的佼佼者;保持积极的工作热情和务实苦干精神,把对社会的奉献和付出看作无上光荣;自觉抵制腐朽思想的侵蚀,以正确的人生观、价值观对待工作。

德国人卡尔·本茨于 1885 年研制成功了世界上第一辆汽车,于 1886 年 1 月向德国专利局申请汽车发明专利,并将自己的一生都献给了汽车事业。在汽车的发展史中,敬业的人不胜枚举。正是有这些敬业的人,汽车行业才得以顺利、飞速发展。同时,还有许许多多的工作者投身于汽车行业,正是有他们兢兢业业的工作,我们现在的生活才如此便利,汽车的质量才越来越好。

同学们,这些楷模之所以成为楷模,是因为他们身上始终闪烁着敬业的光芒,所以,我们要学习他们的敬业精神。

敬业精神是人成才和事业成功的不竭的精神力量,如果没有敬业精神,一切都无从谈起。我们应该高举"敬业"的火把,让"敬业"光芒不断放大。敬业,应从每一件事认真做起,落实在平常的学习和生活中。

2.6 发动机异响的故障诊断

发动机异响说明发动机某一机构的技术状态已发生改变。主要是由某些零件磨损过度或装配、调整不当引起的。当发动机出现异响时,应及时维修,防止故障扩大。在拆卸发动机前,先进行检查,然后根据发动机异响特性的分析,可以初步确认异响的部位、原因和程度,避免盲目性的拆检。

2.6.1 发动机异响的类型与原因

发动机运转的声音不是纯声,而是一组复杂的噪声。噪声的来源有机械噪声、燃烧噪声和空气动力噪声等。发动机种类、转速和负荷的不同时,占

微课视频
发动机异响的
类型和特性

主导地位的噪声也不相同。所以发动机异响的故障要搞清楚发动机异响是哪种噪声类型的异响。

1. 发动机异响的类型

发动机异响的类型有机械异响、燃烧异响和空气动力异响等。

1）机械异响主要是由运动副配合间隙太大或配合面有损伤，运转中引起冲击和振动造成的。因磨损或调整不当造成运动副配合间隙太大时，运转中会产生冲击和振动声波，如曲轴主轴承异响、连杆轴承异响、凸轮轴轴承异响、活塞敲缸异响、活塞销异响、气门脚异响和正时齿轮异响等。

2）燃烧异响主要是发动机不正常燃烧造成的。如柴油机工作粗暴时气缸内会产生极高的压力波，这些压力波相互撞击，发出了强烈的类似敲击金属的异响。

3）空气动力异响。主要由发动机进气、排气及运转中的风扇等部位，因气流振动而造成的。

2. 发动机两大机构异响的振动区域

发动机活塞连杆机构和配气机构的异响通常与发动机的转速、负荷、温度和工作循环等因素有关。发动机异响的振动区域大致可分为四部分，如图2-27所示。

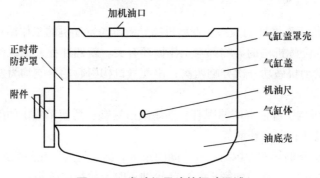

图2-27 发动机异响的振动区域

1）气缸体与油底壳之间：曲轴轴承异响、曲轴裂纹和连杆轴承响等。

2）气缸体与气缸盖之间：气门座圈异响和气缸上部有凸肩等。

3）气缸盖和气缸盖罩之间：凸轮轴轴承异响、液压挺杆异响和气门脚异响等。

4）发动机前端附件：发电机等附件和传动带的异响。

3. 发动机异响的特性

发动机异响常与发动机的转速、负荷、温度和工作循环有关。通过对异响进行特性分析，可找出其变化规律。

1）异响与发动机转速的关系。发动机大多数常见的异响取决于发动机的转速状态。

① 异响仅在怠速或低速运转时存在。异响的原因有：活塞与气缸壁间隙过大；活塞销装配过紧或连杆轴承装配过紧；挺杆与其导孔间隙过大；配气凸轮轮廓磨损；起动爪松动也会使带轮异响（在转速改变时明显）。

② 保持在某转速时声响紊乱，急减速时相继发出短暂声响。异响的原因有：凸轮轴正时齿轮破裂或其固定螺母松动；曲轴折断；活塞销衬套松旷；凸轮轴轴向间隙过大或其衬套松旷。

③ 异响在发动机急加速时出现，维持高速运转时声响仍存在。异响的原因有：连杆轴承松旷、轴瓦烧熔或尺寸不符而转动；曲轴轴承松旷或轴瓦烧熔；活塞销折断；曲轴折断。

2）异响与发动机负荷的关系。发动机上不少异响与其负荷有明显的关系，诊断时可采取逐缸解除负荷的方法进行试验，通常采用单缸或双缸断火法解除一个或两个缸的负荷，以鉴别异响与负荷的关系。

① 某缸断火异响消失或减轻。异响的原因有：活塞敲缸；连杆轴承松旷；活塞环漏气；活塞销折断。

② 某缸断火异响加重或原来无响，此时反而出现声响。异响的原因有：活塞销铜套松旷；活塞裙部锥度过大；活塞销窜出；连杆轴承盖固定螺栓松动或连杆轴瓦合金烧熔；飞轮固定螺栓松动。

③ 相邻两缸断火异响减轻或消失。异响的原因有：曲轴轴承松旷。

3）异响与发动机温度的关系。

① 低温时异响，温度升高后异响减轻或消失。异响的原因有：活塞与气缸壁间隙过大；主轴承油槽深度和宽度失准；机油压力低而润滑不良。

② 温度升高后有异响，温度降低后异响减轻或消失。异响的原因有：过热引起的早燃；活塞裙部椭圆的长、短轴方向相反；活塞椭圆度小、活塞与气缸壁的间隙过小；活塞变形；活塞环各间隙过小。

4）异响与发动机工作循环的关系。发动机的异响也与发动机的工作循环有明显的关系，尤其是曲柄连杆机构和配气机构的异响都与工作循环有关。就四冲程发动机而言，由曲柄连杆机构引起的异响均为发动机做功一次异响两次；由配气机构引起的异响均为发动机做功一次异响一次。

① 由曲柄连杆机构引起的异响原因有：活塞敲击缸壁；活塞销发出的敲击声；活塞顶气缸盖；连杆轴承松旷过甚；活塞环漏气。

② 由配气机构引起的异响原因有：气门间隙过大；挺杆与其导孔间隙过大；凸轮轮廓磨损；气门杆与其导管间隙过大；气门弹簧折断；凸轮轴正时齿轮径向破裂；气门座圈松脱；气门卡滞不能关闭。

③ 若异响与工作循环无关，则应注意其发响区域。通常与工作循环无关的异响多为发动机附件故障；若是与工作循环无关的机件发出连续的金属摩擦声，则可能是某些旋转部件有故障。

4. 发动机异响的确定

在众多混杂的发动机运转声响中，应确定哪些是正常的声响，哪些是异响。异响中哪些是尚且允许存在的，哪些是不允许继续存在必须排除的，这是异响诊断过程中首先应明确的。发动机异响的确定原则是：

1）若声响在低速运转时轻微、单纯，在高速运转时虽轰鸣但却平稳均匀，在加速和减速时声响过渡圆滑，则为正常声响。

2）若声响小伴随着沉闷的"镗、镗"声，清脆的"当、当"声，短促的"嗒、嗒"声，细微的"唰、唰"声，尖锐的"喋、喋"声和强烈的"嘎、嘎"声等，则表明发动机存在异响。至于异响是否允许暂时存在，可依据以下情况判断：

① 异响仅在怠速运转时存在，转速提高后消失，在整个使用过程中异响无明显变化，则属于危害不大的异响，允许暂时存在，待适当时机再进行修理。

② 异响在突然加速或突然减速时出现，而且在中、高速运转时并不消失，同时又引起机体抖动，则属于不允许继续存在的异响，应立即查明原因，予以排除。

③ 如果异响在运转中突然出现，且又比较猛烈，则不应继续运转或试听诊断，而应立即停机拆检。一般拆检顺序是先拆油底壳，再拆气门室盖（罩），最后拆气缸盖。

5. 发动机异响的确诊

异响的诊断是指对异响进行特性分析和借助专用检测工具进行检测，从而对异响的部位、原因和程度进行确诊。就异响出现的时期和连续存在的时间而言，异响一般都分别存在于急速或低速运转期间、高速运转期间、整个运行期间等几种时期。

1）若异响仅出现在急速或低速运转期间，高速运转时异响消失。则依据以下顺序进行诊断：

① 用单缸断火法检查异响与缸位是否有关联。若某缸断火后异响有明显的变化，则说明该缸存在故障；若某缸断火后异响并无明显的变化，说明异响与该缸并无关系。进而逐缸检查异响与工作循环是否有关联，判定出故障所在部位。

② 逐渐提高发动机转速，观察异响有无变化，根据异响随转速的变化，判断运动机件的磨损程度。

③ 在诊断过程中，还应注意观察发动机温度的变化对异响的影响。

2）若异响仅出现在高速运转期间，急速或低速运转时异响消失。则依据以下顺序进行诊断：

① 从低速逐渐提高发动机转速，直至高速运转。在此过程中，注意异响出现的时机。

② 当异响出现后，保持该转速运转，利用单缸断火法查明缸位。

③ 若难以查明缸位，应用螺钉旋具（或金属棒）听察法找到异响分布的区域。

④ 若从低速逐渐提高转速的过程中，并不出现异响，而在急加速或急减速时出现异响，则可用单缸断火法，配以速度的急剧变化，判明异响所在缸位。

⑤ 在诊断过程中，同时还应注意机油压力、机油加注口和排气管等处的伴同现象变化，综合分析，得出确诊结论。

3）在整个运行期间异响一直存在。整个运行期间的发动机异响，一般都能在停车后使发动机处于同转速运转中得到重现，从而推断出异响故障的确诊结论。但有时也有例外，运行中的异响，停车后使发动机在同转速运转，却不再出现这种异响。则应调节节气门开度或急剧改变转速，一般都能使异响再现，然后再确诊气缸位置和原因，得出确诊的结论。

有时运行中出现的异响，不一定是发动机产生的，也可能是其他机构产生的，为此应踩下离合器踏板或脱开变速器档位，再做急加速试验。若异响消失，表明异响不在发动机而在底盘或车身部位。

通过上述过程的诊断，基本可查明异响与发动机的负荷、工作循环、转速和温度之间的关系。

6. 用专用测量工具诊断

1）用气缸压力表测量气缸压力。当怀疑发动机活塞敲缸或配气机构存在异响时，可用检测气缸压力的方法辅助判断。若测出的气缸压力值比相应车型规定的标准值小，则说明活塞与气缸壁之间间隙过大或气门卡滞，关闭不严。可向气缸压力较低的气缸内注入 20 mL 干净机油后，再次测量气缸压力。如果压力升高，说明是气缸壁间隙过大导致的敲缸；如果压力不变，则说明是气门关闭不严，应检测配气机构。

2）用真空表测量真空度。在进气管路密封良好的前提下，检测进气真空度可以辅助判断

发动机气缸磨损或气门密封情况。当怀疑发动机活塞敲缸或配气机构异响时，可用真空表检测发动机怠速工况下的真空度。正常工作的发动机进气歧管真空表的读数应稳定在 57.6 ~ 71.1kPa 之间。如果真空表读数低于标准值且相对稳定，说明气缸磨损导致敲缸。若真空表读数不稳定且摆动量较大，则可能是配气机构产生的异响。

2.6.2 曲柄连杆机构异响的故障诊断

曲柄连杆机构主要由活塞连杆组和曲轴飞轮组组成。曲柄连杆机构主要有曲轴轴承异响、连杆轴承异响、活塞敲缸异响、活塞销异响和活塞环异响等常见故障。

1. 曲轴轴承异响

1）响声部位及特征。

① 响声部位：在气缸体下部靠近曲轴箱分界面处。

② 响声特征：曲轴轴承响声沉重发闷，发动机稳定运转不响，突然改变转速时，发出沉重连续的"镗、镗"金属敲击声，严重时发动机抖动；发动机转速越高，响声越大；发动机负荷较大时，响声明显。

2）故障原因。

① 主轴承盖螺栓松动。

② 轴承径向间隙过大。

③ 曲轴润滑不良。

④ 曲轴弯曲。

3）故障诊断与排除。

① 初步确认故障：观察机油压力，发动机转速较高时机油压力下降明显。在机油加注口仔细察听，转速突然变化时，发出低沉的"镗、镗"响声，则为曲轴轴承异响。

② 利用断火法确认故障：使发动机单缸断火，响声无变化，而相邻两缸断火时，响声明显减弱。

③ 发动机在不同转速下的具体诊断：使发动机处于中等转速的工况下，然后反复加速或减速。加速时响声明显增大，为主轴承松旷异响；发动机高速时机体有较大的振动，汽车载重爬坡时，驾驶室里有振动感，此时机油压力明显下降，则为轴承间隙过大或合金脱落，应及时修复；发动机工作温度正常，当转速由低速升高时，有节奏的沉重的"镗、镗"声，发动机温度越高，响声越明显，到高速时响声杂乱，则有可能是曲轴弯曲。

2. 连杆轴承异响

1）响声部位及特征。

① 响声部位：机油加注口处响声明显。

② 响声特征：比曲轴轴承响声强，有节奏短促的"当、当"声；怠速突然加速到中速时，有明显连续的"当、当"声；当负荷和转速增加时，响声也随之增加，急加速时最为明显。

2）故障原因。

① 连杆轴承盖螺栓松动。

② 轴承径向间隙过大。

③ 轴承烧坏或合金脱落，润滑不良。

3）故障诊断与排除。

① 检查机油压力是否下降，然后变换转速由低速突然加速到中高速时，发出有节奏的"当、当"声，单缸断火响声减弱或消失，复火时若响声恢复，则为连杆轴承间隙过大。

② 低温起动发动机，由低速突然加速到中高速时，发出有节奏的"当、当"声，随着发动机温度的升高，响声增大，转速继续增高，其响声减弱而杂乱，单缸断火后响声消失，则为轴承合金过热融化，应立即修复。

3. 活塞敲缸异响

1）响声部位及特征。

① 响声部位：气缸上部。

② 响声特征：发动机在低温工作时，发出清脆的"吭、吭"声，温度升高到正常工作状态时，响声减弱或消失；急速时，响声最为明显。

2）故障原因。

① 活塞与气缸壁磨损严重，配合间隙过大。

② 活塞与连杆衬套装配过紧。

③ 活塞顶部碰撞气缸盖衬垫或连杆变形。

④ 气缸圆柱度过大，活塞环弹性失效。

3）故障诊断与排除。

① 初步确认故障：发动机低温起动时，发出有节奏的"吭、吭"声。发动机在急速时，查看机油加注口是否冒蓝烟。

② 利用断火法确认故障：单缸断火时，响声减弱或消失，即可认为该缸存在活塞敲缸异响。

③ 向怀疑有敲缸异响的气缸内加注 2～3mL 干净机油，起动发动机，若响声减弱或消失，则可断定该缸活塞敲缸异响，应立即修复。

4. 注意事项

1）工作前准备应到位（工具应准备齐全、安全防护措施和防火措施应完善等）。

2）发动机请勿长时间的带故障运行。

3）安装火花塞时应注意将火花塞螺纹与气缸体螺纹对正，防止气缸盖损坏。

4）发动机拆装过程过程中，各部位螺栓应该按规定力矩拧紧。

5. 案例描述

李先生有一辆大众捷达轿车，行驶总里程将近 15 万 km，某天行车过程中李先生发现发动机内连续发出沉重的"镗、镗"的金属敲击声，并伴随着发动机抖动。李先生立即靠边停车，检查车辆。

请同学们根据该车故障现象和本节所讲内容，对该车发动机异响的故障进行诊断，并填写诊断记录表（见附录）。

2.6.3 配气机构异响的故障诊断

配气机构的作用是按照发动机的工作顺序适时地向气缸内供入新鲜空气或燃油混合气，并及时将燃烧后的废气排出，使发动机正常运转。配气机构由传动组和气门组组成，如果配气机构的机件磨损、变形、调整不当或损坏，常会引起气门异响、气门挺杆异响、正时齿轮异响和气门碰撞活塞异响等故障。

1. 气门异响

1) 故障现象。气门异响是指发动机工作时,气门脚与摇臂碰撞发出的响声。发动机怠速时,能听见气缸盖处发出有节奏的"嘀嗒"声。

2) 故障原因。为了防止配气机构的推杆和气门受热膨胀后,造成气门关闭不严,气门脚与摇臂间应留有适当的间隙,称为气门间隙。气门间隙的大小应符合发动机厂商的技术文件规定。如果气门间隙过大,发动机工作时就会发出异响。

造成气门间隙过大的原因有:

① 气门间隙调整过大。
② 气门间隙调整螺栓松动。
③ 气门间隙处的摇臂磨损严重。
④ 气门推杆弯曲。

3) 故障诊断与排除。发动机怠速时,在气门室处能听见"嘀嗒"声,响声不随发动机温度变化,单缸断火时响声也不变化,这种情况可确诊为气门异响。拆下气门室盖,检查气门间隙,若气门间隙大于技术文件规定值,说明气门异响是由气门间隙过大造成的。应根据气门间隙增大的原因进行故障排除。

2. 气门挺杆异响

1) 故障现象。气门挺杆异响是指气门挺杆下端与凸轮撞击或气门挺杆摆动时与套管碰撞发出有节奏的类似气门异响的"嘀嗒"声。发动机怠速时较为清晰。

2) 故障原因。

① 凸轮表面轮廓磨损。凸轮的外轮廓能保证气门的升程及其升降过程中的运动规律。如果凸轮表面轮廓磨损严重,导致气门挺杆与凸轮接触的连续性遭到破坏,气门落座时,气门挺杆跳动与凸轮撞击发出响声。

② 凸轮轴转动时,凸轮除顶动气门挺杆上升外,同时还带动气门挺杆做横向摆动。当气门挺杆与套管径向磨损后,其配合间隙增大,气门挺杆做横向摆动时与套管碰撞发出异响。另外,如果气门摇臂调整螺钉与推杆之间无机油,难以缓和冲击,也会发出异响。气门弹簧折断也会出现异响。

3) 故障诊断与排除。如果气门间隙符合技术文件要求,那么配气机构产生的异响主要原因就是凸轮外形磨损严重、气门挺杆与导管配合间隙过大、气门摇臂调节螺钉处无机油或气门弹簧折断等,应及时进行排除。

3. 凸轮轴异响

1) 故障现象。凸轮轴异响是指凸轮轴因轴向或径向间隙过大,导致凸轮轴与轴承座有节奏的撞击,产生响声。发动机怠速和低速时较为清晰。

2) 故障原因。

① 凸轮轴轴颈与衬套间隙过大。
② 凸轮轴与轴承座轴向间隙过大,产生轴向窜动。
③ 凸轮轴固定螺栓松动。

3) 故障诊断与排除。若异响来源于凸轮轴一侧,怠速或低速时明显,高速消失,一般是有节奏的撞击声,频率为曲轴转速的一半。响声有两种:清脆的"嗒、嗒"声或钝哑的"镗、镗"声,则可以确诊为凸轮轴异响。

检修时拆下气门室罩盖，检查凸轮轴轴向间隙及径向配合间隙，检查凸轮轴的弯曲度，若不符合厂家规定，应更换凸轮轴。并且保证凸轮轴轴承盖固定螺栓的装配力矩符合规定。

4. 注意事项

1）工作前准备应到位（工具应准备齐全、安全防护措施和防火措施应完善等）。

2）发动机请勿长时间的带故障运行。

3）安装火花塞时应注意将火花塞螺纹与气缸体螺纹对正，防止气缸盖损坏。

4）发动机拆装过程过程中，各部位螺栓应该按规定力矩拧紧。

5. 案例描述

张先生有一辆雪铁龙轿车，行驶总里程将近 11 万 km，某天行车时。发现该车在怠速工况下，气缸盖处发出有节奏、清脆的"嘀嗒"声。

请同学们根据该车故障现象和本节所讲内容，对该车配气机构异响的故障进行诊断，并填写诊断记录表（见附录）。

项目 3
汽车底盘故障诊断

任务描述

王先生的一辆 2016 款大众 POLO 手动档汽车，行驶里程将近 6 万 km。某天行车过程中，王先生发现该车停车时挂 1、2 档很容易，但是在行驶过程中，由 1 档换 2 档或由 2 档换 1 档比较困难。维修技师该如何对该车出现的故障进行检测诊断呢？

学习目标

1. 能够正确分析传动系统的故障诊断
2. 能够正确分析转向及行驶系统的故障诊断
3. 能够正确分析制动系统的故障诊断

项目 3 汽车底盘故障诊断

知识与技能点清单

序号	学习目标	知识点	技能点
1	能够正确分析传动系统的故障诊断	1. 离合器打滑故障诊断 2. 离合器分离不彻底故障诊断 3. 离合器异响故障诊断 4. 手动变速器故障诊断 5. 自动变速器故障诊断 6. 驱动桥故障诊断	能够正确分析传动系统的故障诊断
2	能够正确分析转向及行驶系统的故障诊断	1. 汽车转向沉重故障诊断 2. 汽车行驶摆振故障诊断 3. 汽车行驶跑偏故障诊断 4. 轮胎异常磨损故障诊断 5. 电控悬架故障诊断	能够正确分析转向及行驶系统的故障诊断
3	能够正确分析制动系统的故障诊断	1. 汽车制动失效故障诊断 2. ABS 系统故障诊断 3. 汽车制动跑偏故障诊断 4. 汽车制动拖滞故障诊断	能够正确分析制动系统的故障诊断

学习信息

3.1 传动系统的故障诊断

汽车传动系统是由离合器、变速器、万向传动装置和驱动桥等部件组成。若其中某个部件调整不当或严重磨损,都会造成传动系统的故障。

3.1.1 离合器打滑的故障诊断

离合器的作用是保证发动机与传动系统平稳可靠地接合,并能暂时而彻底地分离。在汽车行驶过程中,离合器工作频繁,由于滑动摩擦的作用各部件容易磨损、变形或破裂,摩擦力矩相应降低,导致离合器故障。离合器在使用过程中,经常出现的故障有离合器打滑、分离不彻底(挂档困难)、发抖、异响和沉重等。

微课视频
离合器打滑的
故障诊断

1. 故障现象

1)起步时完全放松离合器踏板,仍感到起步动力不足或起步困难。

2)汽车行驶过程中或爬坡时动力不足、油耗上升、加速时发动机转速过高、提速缓慢。严重时离合器摩擦片处冒烟,有焦臭味。

2. 故障原因分析

1）离合器踏板自由行程过小或没有自由行程，使分离轴承常压在膜片弹簧上，压盘处于半分离状态。

2）离合器盖与飞轮紧固螺栓松动，膜片弹簧压紧力不足。

3）摩擦片磨损过度、沾染油污或硬化，铆钉外露或烧蚀。

4）离合器拉索黏滞、液压分离装置卡滞或离合器总泵回流孔堵塞。

5）离合器压盘弹簧过软或折断，膜片弹簧磨损。

6）离合器分泵不回位。

3. 故障诊断方法与步骤

1）验证故障现象。起动发动机，挂上低速档，拉紧驻车制动手柄，缓慢抬起离合器踏板，并缓慢踩下加速踏板。如果发动机迅速熄火，说明离合器不打滑；如果汽车不动，发动机也不熄火，说明离合器打滑。

2）检查离合器踏板的自由行程，若无自由行程，但能完全抬起，则可调整分离叉拉杆长度；若无效，应检查分离杠杆是否调整过高。

① 离合器踏板自由行程的检测。用钢直尺进行检查，先测出踏板完全放松时的高度，再测出当用手按下踏板感觉有阻力时的高度，前后两次的高度差即为自由行程的数值，如图3-1所示。

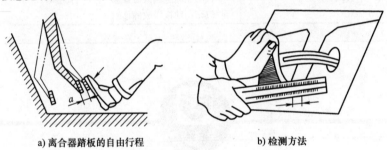

a）离合器踏板的自由行程　　　b）检测方法

图 3-1　离合器踏板自由行程的检测

② 离合器踏板自由行程的调整。对机械操纵的离合器可以旋转拉杆上的调整螺母，改变分离杠杆与分离轴承的间隙，以增大或减小踏板自由行程。一般车辆是旋进螺母行程减小，反之则增大。调整完成后要用锁紧螺母锁紧，如图3-2所示。

对于液压操纵的离合器，则是通过改变离合器总泵推杆长度或离合器分泵推杆长度，如图3-3所示，使分离轴承与分离杠杆之间有一定间隙和调整总泵推杆与活塞间的间隙来实现。当离合器踏板完全放松时，分离轴承与分离杠杆内端间隙为3～4mm，相应于离合器自由行程为35～45mm。

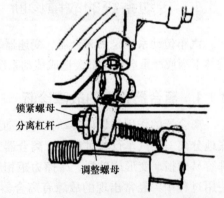

图 3-2　机械式离合器踏板自由行程的调节

3）检查分离轴承与套筒有无卡滞现象、离合器盖的固定螺栓是否松动等。若上述均良好，可检查摩擦片是否磨损过薄、有无油污或硬化，若有则应更换或清洗。

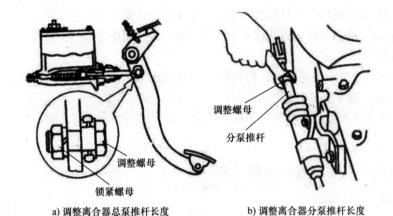

图 3-3　液压式离合器踏板自由行程的调节

4）检查铆钉有无松动，若有松动，应对其进行更换。检查方法：用游标卡尺测量离合器从动盘表面至铆钉的距离，如图 3-4 所示。如果测量值小于极限值（一般为 0.3mm），应更换离合器从动盘。摩擦片的磨损极限是 0.5mm。

5）检查离合器拉索是否黏滞或分离装置是否卡滞，总泵回流孔是否堵塞。

6）分解离合器，检查膜片弹簧弹力，若弹力过小应予更换。

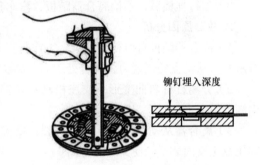

图 3-4　铆钉是否松动的检测

7）调整分离杠杆的高度。在车上调整时，一人在车上缓踏离合器踏板，一人在车下观察分离杠杆端部与分离轴承的接触情况，并对分离杠杆端部与分离轴承的间隙进行调整。

8）检测膜片弹簧的磨损深度和宽度、压盘内端面平整度，如图 3-5 所示。膜片弹簧厚度允许磨损至一半（极限值深度为 0.6mm，宽度为 5.0mm），如果膜片弹簧有磨损过度、弯曲、折断或有高度差等现象，应更换膜片弹簧。用钢直尺和塞尺检测离合器压盘的平整度，压盘和平面尺的最大间隙若超过 0.5mm，则更换离合器压盘总成。

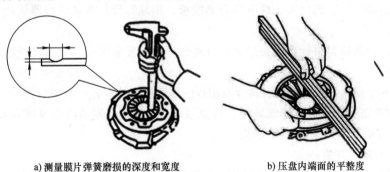

图 3-5　膜片弹簧的检测

4. 注意事项

1）工作前准备应到位（工具应准备齐全、安全防护措施和防火措施应完善等）。
2）离合器属于易损部件，拆装过程中注意轻拿轻放，避免造成二次损伤。

5. 案例描述

一辆东风标致 307 手动档轿车，行驶里程 12 万 km。车主描述该车在加速时发动机转速瞬间可达 5000r/min，但车速提升缓慢。

请同学们根据该车故障现象和本节所讲内容，对该车的故障进行诊断，并填写诊断记录表（见附录）。

3.1.2 离合器分离不彻底的故障诊断

1. 故障现象

1）发动机怠速运转时，完全踩下离合器踏板，挂档困难且有齿轮撞击声，挂倒档时尤为明显。
2）强行挂档后，不抬离合器踏板，汽车猛向前窜或发动机熄火。

微课视频
离合器分离
不彻底的故障诊断

2. 故障原因分析

1）离合器踏板自由行程过大，工作行程太小，使压盘后移不足，不能完全解除对从动盘的压紧力，离合处于半分离状态。
2）分离杠杆弯曲变形；支座松动；轴销孔磨穿，轴销脱出；分离杠杆与分离轴承的接触面高低不一。
3）离合器从动盘翘曲；钢片碎裂；摩擦面凹凸不平；更换的新摩擦片过厚；从动盘或中间压盘正反面装反，使其不能分离。
4）离合器从动盘毂键槽和变速器第一轴花键齿锈蚀或有油污，使从动盘移动卡滞而无法分离。
5）液压式操纵机构中离合器总泵或分泵漏油或油路中有空气，使油压降低，离合器不能彻底分离。
6）离合器摩擦片翘曲。

3. 故障诊断方法与步骤

1）验证故障现象。不打开点火开关，先挂上档，松开驻车制动手柄，离合器踏板踩到底。起动发动机，此时发动机无论是否着火，汽车都前进，即可确诊为离合器分离不彻底。
2）将变速器处于空档位置，踩下离合器踏板，用螺钉旋具拨动离合器从动盘，若拨动困难则为离合器卡滞。
3）检查离合踏板自由行程是否过大，分离杠杆是否安装牢固。分离杠杆高度是否一致且符合出厂规定。
4）对于液压操纵式离合器，若离合器踏板的踩踏感觉比较松，且离合器分泵的推杆不动，则说明油路中有空气，应进行排气处理；若总泵或分泵漏油，则清洗总泵或分泵内腔和活塞，必要时需更换皮碗和密封圈或更换泵体总成。

离合器油路排气方法：

注意：排气过程中要随时添加制动液，保持制动液壶内的油液充足，否则会使空气再次进入油路。

① 重力排气法。首先加满制动液（离合器与制动器共用一个油壶）。然后松开离合器分泵的排气螺栓（不要完全松掉，出油流畅即可），在分泵的放气阀上安装软管，接到回收容器内。观察出油时有无气泡，3~5min再没有气泡冒出来为止。拧紧排气螺栓，反复踩踏离合器踏板直到感觉离合器踏板变硬。试车如果不行，再重复上面的步骤直到离合器踏板变硬。此方法适合一个人操作。

② 两人配合放气法。与重力排气法大致一样，加满制动液，在分泵的放气阀上安装软管，接到回收容器内。一人在车上反复踩踏离合器踏板多次，最后踩住不要收脚。另外一人在车下离合器分泵处用扳手拧松排气螺栓，使带有气泡的油液排出，然后拧紧放气螺栓。然后在车上的人抬脚再反复踩踏离合器踏板，重复以上步骤直到排出的油液中无气泡出现为止，如图3-6所示。

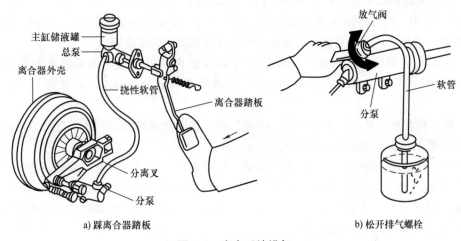

图3-6 离合系统排气

③ 加强压排气法。对于离合器油路比较长的车辆（如大客车），普通方法排气效果不好，这时要在制动液壶口处用压缩空气给油壶内的制动液加压。

5）若上述检查调试无效，应拆下离合器总成，仔细检查各机件的技术状况。若从动盘正反面装反，应检查其平整度后正确装复；若用新的摩擦片过厚时，在离合器盖与飞轮之间各连接点加装厚度适当的垫圈，各垫圈的厚度应保持一致。

4. 注意事项

1）工作前准备应到位（工具应准备齐全、安全防护措施和防火措施应完善等）。
2）离合器属于易损部件，拆装过程中注意轻拿轻放，避免造成二次损伤。
3）对油路进行排气处理时，注意收集排出的制动液，防止污染环境。

5. 案例描述

一辆东风汽车公司生产的EQ2102越野车，行驶里程约4万km，离合器从动盘烧蚀后，更换新的离合器从动盘总成。车主发现汽车起动后，起步挂档困难，有齿轮撞击声，离合器踏板未抬起便起步熄火，有时档位挂不进。

请同学们根据该车故障现象和本节所讲内容，对该车的故障进行诊断，并填写诊断记录表（见附录）。

3.1.3 离合器异响的故障诊断

1. 故障现象

离合器分离或接合时发出不正常的响声。

2. 故障原因分析

1）分离轴承缺油或损坏。
2）从动盘毂花键与花键轴配合间隙过大。
3）从动盘毂铆钉松动。
4）分离叉或联动装置卡滞。

微课视频
离合器异响
故障诊断

3. 故障诊断方法与步骤

1）轻踩离合器踏板，分离轴承和分离杠杆接触时，有明显的"沙沙"声。可判断是离合器分离轴承异响。给分离轴承加注润滑脂，异响消失，则是分离轴承缺油；若异响仍未消除，则为分离轴承损坏，应及时更换，若有必要可连分离套筒一起更换。

2）踩下离合器踏板，发出"哗哗"的金属摩擦声。拆下飞轮壳观察，若分离轴承与分离杠杆接触处有烧蚀痕迹或有火花出现，则说明离合器分离轴承不转或损坏，应更换分离轴承。

3）发动机怠速运转时，离合器有"哗啦"声。稍踩加速踏板，响声无变化，可能是分离杠杆螺钉折断造成，应更换损坏部件。

4）发动机怠速运转时，离合器有"咯嘟"的撞击声，中速以上响声减弱或消失，再次踩下离合器踏板，响声也消失。说明离合器摩擦片铆钉松动或从动盘毂的键槽磨损，可拆下飞轮壳，在熄火状态下，变速器挂上档，踩下离合器踏板，用螺钉旋具拨动从动盘检查键槽有无间隙，若间隙过大，则修复或更换新件。

5）如果离合器踏板完全抬起时，听到有噪声或间断的敲击声。可能是分离轴承和分离杠杆之间没有间隙，需调整离合器踏板的自由行程。也可能是回位弹簧松软、折断、伸长或脱落等，造成分离轴承自由滑动与分离杠杆碰撞发响。

6）离合器异响故障排除口诀。离合发响难判断，踩抬离合来检验。怠速不动沙沙响，踏板回位缺弹力。转速变化撞击声，分离轴承弹簧松。慢踩离合沙沙响，分离轴承有故障。踏下离合嘎啦响，传动销孔配合旷。踩抬离合瞬间响，杆架销孔摩擦片旷。起步摩擦又发抖，键毂轴齿配合旷。

4. 注意事项

1）工作前准备应到位（工具应准备齐全、安全防护措施和防火措施应完善等）。
2）离合器属于易损部件，拆装过程中注意轻拿轻放，避免造成二次损伤。

5. 案例描述

王先生有一辆行驶 8 万 km 的五菱之光汽车。前段时间该车出现换档困难的问题，更换了离合器摩擦片和压盘，分离轴承当时没什么问题就没有更换。维修后刚行驶不到 2 万 km，又出现踩离合器异响的问题，需返厂检修。

请同学们根据该车故障现象和本节所讲内容，对该车离合器异响的故障进行诊断，并填写诊断记录表（见附录）。

3.1.4 手动变速器的故障诊断

随着行驶里程的增加以及不正常的操作，汽车变速器零件的磨损、变形随之增加，从而出现挂档困难、跳档、乱档、异响、漏油和发热等故障现象。

1. 变速器换档困难的故障诊断

1）故障现象。离合器工作状况良好，但换档时不能顺利挂入档位，常发出齿轮撞击的声音。

2）故障原因分析。

① 变速器拨叉轴弯曲变形。

② 锁紧弹簧过硬或钢球破裂、毛糙卡滞。

③ 变速杆调整不当或损坏。

④ 同步器故障。

⑤ 变速器轴弯曲变形或花键损坏。

3）故障诊断方法与步骤。

① 检查变速拨叉轴是否弯曲变形，自锁和互锁钢球是否损坏，弹簧是否过硬。

② 检查操纵机构是否变形或卡滞。

③ 检查同步器是否损坏，主要检查：同步器是否散架，同步器锥环内锥面螺纹是否磨损，滑块是否磨损和弹簧弹力是否过软等。

④ 检查变速器第一轴是否弯曲，其花键是否磨损严重。

2. 变速器脱档的故障诊断

1）故障现象。汽车行驶过程中，变速杆自动跳入空档位置（一般多在中、高速时负荷突然变化或汽车剧烈振动时发生）。

2）故障原因分析。

① 自锁钢球未进入凹槽内或挂档后齿轮未达到全齿长啮合。

② 自锁钢球或凹槽磨损严重，自锁弹簧疲劳或断裂。

③ 操纵机构变形松旷，使齿轮未达到全齿长啮合。

④ 齿轮沿齿长方向磨损成锥形。啮合时产生轴向力，工作过程中的振动、转速变化，迫使啮合齿轮沿变速器轴向脱开。

⑤ 变速器轴、轴承磨损松旷或轴向间隙过大，轴转动时齿轮啮合不好发生跳动和轴向窜动。

⑥ 对于三轴式手动变速器，一、二轴轴承松旷，使一、二轴和曲轴三者轴线不同心；变速器壳与离合器壳接合平面相对于曲轴轴线的位置变动。

3）故障诊断方法与步骤。

① 采用连续加、减速的方法逐档进行路试，确定跳档档位。熄灭发动机，将变速器杆挂入该跳档档位，拆下变速器盖观察齿轮啮合情况，若啮合良好，应检查换档机构。

② 用手推动变速杆，如无阻力或阻力非常小，则说明自锁装置失效，应检查自锁钢球和变速叉轴上的凹槽是否磨损严重，自锁钢球弹簧是否过软或折断。

③ 若齿轮未完全啮合，应检查拨叉是否磨损或变形，若拨叉轴弯曲应校正或更换。

④ 若换档机构良好，应检查齿轮是否磨成锥形，轴承是否松旷，必要时应拆下修理或更换。

3. 变速器乱档的故障诊断

1）故障现象。汽车起步或行驶过程中换档时，变速器同时挂上两个档位或实际挂入的档位与驾驶人操纵的档位不符。

2）故障原因分析。

① 互锁装置失效，如拨叉轴、互锁销或互锁钢球磨损过度等。

② 变速杆下端弧形工作面磨损过大或拨叉轴上拨块的凹槽磨损过大。

③ 变速杆球头定位销折断或球孔、球头磨损过于松旷。

3）故障诊断方法与步骤。乱档主要由变速器操纵机构故障引起，如图 3-7 所示。

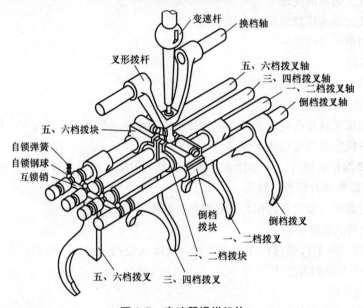

图 3-7 变速器操纵机构

① 挂需要档位时，结果挂入别的档位。摇动变速杆，检查其摆转角度，若超出正常范围，则故障由变速杆下端球头定位销与定位槽配合松旷或球头、球孔磨损过度引起；若变速杆能 360° 摆转，则为定位销折断。

② 若摆转角度正常，仍挂不上或摘不下档，则说明变速杆下端弧形工作面磨损或导槽磨损严重，变速杆下端从凹槽中脱出。

③ 同时挂入两个档位，则说明变速器互锁装置失效。

4. 变速器异响的故障诊断

1）故障现象。

① 发动机怠速运转，变速器处于空档位置有异响。踩下离合器踏板后异响消失。

② 变速器挂入档位后有异响。

③ 当汽车以 40km/h 以上车速行驶时产生异响，并且车速越高，异响越大，当空档滑行或低速行驶时响声减小或消失。

2）故障原因分析。

① 变速器与发动机安装时曲轴与变速器第一轴中心线不同心或变速器壳变形。

② 齿轮异响。档位齿轮磨损过度，间隙变大，运行过程中产生冲击；齿面啮合不良，如维

修时未成对更换相啮合齿轮，新、旧齿轮搭配运行，不能完全啮合等；齿面金属疲劳或个别齿损坏折断；齿轮与轴上的花键配合松旷或齿轮的轴向间隙过大；轴弯曲或轴承松旷引起齿轮啮合间隙改变。

③ 轴承异响。轴承磨损严重；轴承滚珠破裂或有烧蚀麻点；轴承内（外）座圈轴颈（孔）配合松动。

④ 其他原因造成的异响。如变速器内缺油，齿轮油过稀、过稠或变质等；变速器内有异物；某些紧固螺栓松动；里程表软轴或里程表齿轮异响等。

3）故障诊断方法与步骤。

① 变速器发出金属干摩擦声，则为变速器内缺油或齿轮油变质。如果变速器内缺油应检查变速器壳体等有无破损而导致漏油，若有漏油处，修复后重新加油。如果齿轮油变质，直接更换齿轮油。

② 空档时异响，踩下离合器踏板后异响减小或消失，一般为一轴前、后轴承或常啮合齿轮异响；若换入任何档位都有异响，则为二轴后轴承异响。

③ 行驶时换入某档位后响声明显，则为该档位齿轮磨损或啮合不当；若为周期性的异响，则是个别齿损坏。

④ 变速器工作时发生突然撞击声，多为轮齿断裂，应及时拆下变速器盖检查，防止机件损坏。

⑤ 检查同步器是否损坏。

5. 变速器漏油的故障诊断

1）故障现象。在变速器的周围有漏油痕迹，变速器内油量减少。

2）故障原因分析。

① 齿轮油选用不当，产生过大泡沫或齿轮油量过多。

② 变速器各部位密封衬垫密封不良、油封损坏或紧固螺栓松动。

③ 变速器壳体破裂。

④ 里程表齿轮限位松脱或破损。

3）故障诊断方法与步骤。

① 首先应检查齿轮油油量，防止因齿轮油泄漏而造成变速器油量过低。如果变速器内缺油应检查变速器壳体等有无破损而导致漏油，若有漏油处，修复后重新加油。若齿轮油油量过高或泡沫较多，则应调节齿轮油油量或更换齿轮油（注意排放出齿轮油的收集，防止污染环境）。

② 检测放油螺塞是否松动，若松动，应按规定力矩拧紧螺栓。

③ 检查变速器各接合部位的密封是否不良或螺栓是否松动，按规定力矩拧紧螺栓。

④ 检查变速器壳体是否破裂，若破裂则更换新件。

6. 变速器发热的故障诊断

1）故障现象。汽车行驶一段时间后，用手触摸变速器，有烫手的感觉。

2）故障原因分析。

① 变速器内齿轮油油量过少或黏度过低。

② 轴承装配过紧。

③ 齿轮啮合间隙过小。

3）故障诊断方法与步骤。

① 检查齿轮油油量和黏度是否过低，如果变速器内缺油应检查变速器壳体有无破损而导致

漏油，若有漏油处，修复后重新加油。如果齿轮油黏度过低，则直接更换齿轮油。

② 检查变速内各轴承是否装配过紧。若转配过紧，则按技术要求调整。

③ 检查各齿轮啮合间隙是否过小。若间隙过小，则按技术要求调整啮合间隙。

7. 注意事项

1）工作前准备应到位（工具应准备齐全、安全防护措施和防火措施应完善等）。

2）严格按照拆装程序进行操作并注意操作安全。

3）变速器拆卸后注意各零部件的清洗和润滑。

4）分解变速器时不能用锤子直接敲击零部件，必须用铜棒或硬木块进行冲击。

8. 案例描述

一辆大众 POLO 1.4L 轿车，行驶 5 万 km，车主反映该车变速器之前换档一直很平顺，手感很好。但最近在汽车行驶过程中换档明显感觉困难，即使强行挂上档位，也会伴随着"咔咔"的金属摩擦声。

请同学们根据该车故障现象和本节所讲内容，对该车换档困难的故障进行诊断，并填写诊断记录表（见附录）。

3.1.5 自动变速器的故障诊断

自动变速器常见的故障有不能行驶、打滑、换档冲击、升档过迟、频繁跳档和异响等。

1. 自动变速器不能行驶的故障诊断

1）故障现象。

① 无论变速器杆位于前进档还是倒档，汽车都不能行驶。

② 汽车起动后只能行驶一段路程，热车后不能行驶。

2）故障原因分析。

① 自动变速器油泄漏，使油液严重不足。

② 变速杆与手动阀摇臂之间的连杆或拉锁松脱，使手动阀保持在空档或停车档位置。

③ 油泵故障或滤清器严重堵塞导致主油路油压不正常。

④ 自动变速器发生机械故障，如涡轮花键毂严重磨损、行星齿轮系统损坏等。

3）故障诊断方法与步骤。

① 检查自动变速器油的液面高度。如果液面过低或无油，则应检查自动变速器油底壳、变速器油散热器和油路等处有无破损而导致漏油，若有漏油处，应修复后重新加油。

② 检查变速杆与手动阀摇臂之间的连杆或拉索是否有松脱，若有松脱，应装复并调整好变速杆的位置。

③ 若冷车起动时主油路有一定油压，热车后油压明显下降，说明油泵磨损严重或滤清器堵塞。

④ 检测主油路油压。如果油压过低，则打开油底壳，检查滤清器是否堵塞。如果滤清器无堵塞，则说明油泵故障或主油路漏油，应拆解自动变速器进一步检查。如果主油路油压正常，则故障应为涡轮花键毂磨损或行星齿轮系统损坏等机械故障。

自动变速器主油路油压的检测（应分别测出前进档或倒档的主油路油压）：

a. 首先检查加速踏板拉线的调整情况，必要时重新调整。

b. 用楔形木塞塞住前后车轮，将驻车制动手柄拉到底。

c. 拆下自动变速器壳体上的主油路测压孔或前进档油路测压孔螺塞，接上油压表。

d. 起动发动机，将变速杆拨至前进档（D位）位置，读出发动机怠速工况下，前进档主油路的油压。

e. 将制动踏板踩到底，同时将加速踏板也踩到底，读出失速工况下，前进档主油路的油压。

f. 将变速杆拨至空档（N位）或停车档（P位）位置，让发动机怠速运转1min以上。

g. 将变速杆拨至个前进档位置，依次读出各前进档位在怠速和失速工况下的主油路油压。

h. 按上述方法测量倒档在怠速和失速下的主油路油压。

测试结果分析：

a. 所有档位油压均高于标准值，则为主油路调压阀故障。

b. 所有档位油压均低于标准值，则为油泵或主油路调压阀故障。

c. 某一档位油压低于标准值，则为该档油路堵塞或泄漏。

2. 自动变速器打滑的故障诊断

1）故障现象。

① 起步时踩下加速踏板，发动机转速升高很快，但车速提升缓慢。

② 行驶过程中升档车速较高，升档时发动机转速升高但车速提升缓慢。

③ 车辆在上坡时驱动无力，但发动机转速很高。

2）故障原因分析。

① 自动变速器油液面高度过低或过高。液面过低时，造成主油路的油压过低。液面过高时，运转中被行星齿轮机构剧烈搅动而产生大量气泡。

② 自动变速器油变质。

③ 离合器或制动器摩擦片（或制动器制动带）磨损严重或已烧焦，产生打滑。

④ 单向离合器打滑。

⑤ 油泵磨损严重或主油路泄漏而造成主油路的油压过低。

⑥ 蓄压器、离合器或制动器活塞密封圈损坏而漏油，导致油压过低。

3）故障诊断方法与步骤。

① 检查自动变速器的液面高度。如果液面过低或无油，则应检查自动变速器油底壳、变速器油散热器和油路等处有无破损而导致漏油，若有漏油处，应修复后重新加油。

② 检查离合器、制动器摩擦片、制动带等磨损情况，若磨损严重、变形或烧焦，应及时修理或更换。

③ 检查单向离合器是否打滑，若打滑则拆开单向离合器，检查滚柱或内外齿圈。

④ 检查离合器或制动器活塞密封情况，若漏油则更换密封圈。

3. 自动变速器换档冲击的故障诊断

1）故障现象。

① 起步时由停车档或空档换入前进档或倒档时，发生入档冲击。

② 汽车在行驶中自动变速器在升降档瞬间有明显的冲击或者个别档位有严重的换档冲击。

2）故障原因分析。

① 所有档位均有入档冲击，通常是由发动机怠速过高、变速器油位过高、节气门拉线过紧、节气门位置传感器信号异常、电控单元进入失效保护程序等原因造成。

② 所有档位均有换档冲击，通常是由主油道油压过高造成。

③ 个别档位有严重的换档冲击，通常是由对应档位的油压缓冲系统部件工作不良或离合器、制动器活塞的密封性不良等原因造成。

3）故障诊断方法与步骤。

① 所有档均有入档冲击时，首先应检查发动机怠速是否过高，如果发动机怠速过高，应检查引起发动机怠速过高的原因，并做出调整；检查节气门拉线是否过紧或节气门位置传感器信号是否异常，若有问题进行调整和修复；检查变速器油位是否过高，如果油位过高，需排放多余油液使液面达到规定范围；利用故障诊断仪检查变速器是否进入失效保护状态，若进入失效保护状态，需进一步检查进入失效保护状态的原因。

② 所有档均有入档冲击时，首先应检查主油路油压，如果油压过高，则为主油路调压电磁阀或主油路调压阀故障。此时应检查油压调压电磁阀的线路和油压电磁阀的工作是否正常，自动变速器控制单元是否在换档时向油压电磁阀发出控制信号。如果电磁阀工作正常，则检查主油路调压阀是否发生卡滞。

③ 个别档位有严重的换档冲击时，首先应进行道路试验，如果有个别档位升档过迟现象，则说明该档换档冲击大是由升档过迟所致。如果升档前发动机转速异常升高，导致升档瞬间冲击较大，则说明离合器或制动器打滑，应检测该档位油路油压是否正常，必要时需分解自动变速器，予以检修。

另外，还应检测有换档冲击档位的换档油压，如果该档位在换档时油压保持稳定，则说明该档的油压缓冲系统部件发生故障。

4. 自动变速器升档过迟的故障诊断

1）故障现象。

① 行驶过程中，自动变速器升档的车身明显偏高，升档时发动机的转速也明显高于正常值。

② 需采用提前升档的操作方法（松开加速踏板）才能使自动变速器升入高档或超速档。

2）故障原因分析。

① 节气门拉索、节气门阀推杆（真空式）或节气门位置传感器调整不当。

② 节气门位置传感器、车速传感器或其电路存在故障。

③ 速控阀故障。

④ 主油路油压调节阀或油压电磁阀存在故障。

⑤ 自动变速器电控单元存在故障。

3）故障诊断方法与步骤。

① 进行故障自诊断操作，如果有故障码输出，则按所显示的故障码检修故障；如果无故障码输出或当故障码所显示的故障排除后故障现象仍未消除，则进行下一步检查。检查节气门拉索或节气门阀推杆（真空式）和节气门位置传感器的调整情况。如果不当，予以调整。

② 检测发动机怠速时的主油路油压。如果油压过高，应通过节气门拉索进行调整。若调整后不能使油压降低，则需拆检油压调节阀或油压电磁阀及其油路。检查速控油压，若油压过低，说明速控阀或其油路存在泄漏，应予以检修；若油压正常，升档过迟，则可能是换档阀工作不良，应拆检阀体，必要时更换。

③ 检查自动变速器电控单元与传感器和油压控制电磁阀之间的线路是否存在故障。

④ 检查节气门位置传感器、车速传感器和油压电磁阀。如果均良好，则换自动变动器 ECU 后再进行测试。

5. 自动变速器频繁跳档的故障诊断

1）故障现象。

汽车在行驶过程中，加速踏板没有动，但经常会出现突然降档，降档后发动机转速异常升高，并产生换档冲击。

2）故障原因分析。

① 节气门位置传感器或车速传感器存在故障或其线路连接不良。

② 换档电磁阀存在故障或其线路不良。

③ 自动变速器控制单元有故障。

3）故障诊断方法与步骤。

① 进行故障自诊断操作，如果有故障码输出，则按所显示的故障码检修故障；如果无故障码输出或故障码所显示的故障排除后故障现象仍未消除，则进行下一步检查。

② 检查节气门位置传感器与变速器控制单元之间的线路及节气门位置传感器，若有异常，予以修理或更换。

③ 检查车速传感器与变速器控制单元之间的线路及车速传感器，若有异常，予以修理或更换。

④ 检查换档电磁阀线束插头有无松动，若有，予以修理或更换。

⑤ 检查自动变速器控制单元电源插头的工作电压，若电压低或无工作电压，检查有关的线路，如果线路无不良现象，则需更换自动变速器控制单元。

6. 自动变速器异响的故障诊断

1）故障现象。

汽车行驶过程中，自动变速器内始终有异响，停车挂空档后异响消失。

2）故障原因分析。

① 自动变速器油面过高或过低。

② 油泵磨损严重。

③ 液力变矩器的锁止离合器、导轮或单向离合器等损坏。

④ 行星齿轮机构存在故障，产生异响。

⑤ 换档执行元件存在故障，产生异响。

3）故障诊断方法与步骤。

自动变速器异响由机械和液压两个系统造成，主要有：行星齿轮机构、轴承、油泵、摩擦片、主减速器和液力变矩器液流噪声等。首先应判断异响声源的部位，再进行相关零部件的检测。

① 检查自动变速器油液面高度，若过高或过低应进行调整。

② 确定异响部位，若前部异响，则为油泵、液力变矩器、锁止离合器、导轮或单向离合器存在故障，应拆卸修理。

③ 若后部异响，则为行星齿轮机构有故障，应拆卸修理。

④ 若换档时有异响，则换档机构、离合器和制动带等换档执行元件存在故障，应拆卸修理。

7. 注意事项

1）工作前准备应到位（工具应准备齐全、安全防护措施和防火措施应完善等）。

2）严格按照拆装程序进行操作并注意操作安全。

3）变速器拆卸后注意各零部件的清洗和润滑。

4）分解变速器时不能用锤子直接敲击零部件，必须用铜棒或硬木块进行冲击。

8．案例描述

一辆别克 GL8 商务轿车，行驶 10 万 km，某天行车过程中车主发现该车上坡行驶时突然失去动力，再次挂档失败，变速杆处于任何档位都无法行驶。

请同学们根据该车故障现象和本节所讲内容，对该车无法行驶的故障进行诊断，并填写诊断记录表（见附录）。

3.1.6 驱动桥的故障诊断

汽车驱动桥的主减速器、半轴、轴承和油封等长期承受冲击载荷，使其各配合副磨损严重，各零部件损坏，导致驱动桥过热、异响和漏油等故障发生。

1．驱动桥过热的故障诊断

1）故障现象。

汽车行驶一段路程后，用手触摸驱动桥壳中间部位、主减速器壳和轴承安装部位等，有烫手感。

2）故障原因分析。

① 缺乏齿轮油，齿轮油变质或齿轮油黏度太小。

② 轴承安装过紧。

③ 齿轮啮合间隙过小。

④ 止推垫片与主减速器从动齿轮背隙过小。

⑤ 油封过紧。

⑥ 各运动副、轴承润滑不良造成干摩擦或半干摩擦。

3）故障诊断方法与步骤。

驱动桥过热故障诊断时应结合发热部位，逐项检查予以排除。

对于驱动桥局部过热：

① 若油封处过热，则应检查油封是否安装过紧。

② 若轴承处过热，则应检查轴承是否损坏或安装过紧。如轮毂轴承装配过紧时，常伴有起步费劲、行驶中发沉、滑行不良等现象。

③ 若主减速器壳体部位过热，则应检查止推垫片与主减速器从动齿轮背隙是否过小。

对于驱动桥普遍过热：

① 检查齿轮油油面高度是否符合规定。若油面太低，则驱动桥过热故障由齿轮油油量不足引起；若油面正常，则检查齿轮油规格、黏度或润滑性能是否符合要求。

② 检查主减速器和差速器齿轮啮合间隙的大小。松开驻车制动器，使变速器置于空档，轻轻转动主减速器的凸缘盘，若转动角度太小，则故障由主减速器齿轮啮合间隙大小引起，应按规定进行检测调整。若转动角度正常，则故障由行星齿轮与半轴齿轮啮合间隙太小引起。应按规定进行检测调整。

对于单级主减速器的驱动桥，应先对差速器进行调整，然后再调整主减速器的主、从动锥齿轮的轴承预紧度，最后调整主减速器齿轮的接触印痕和啮合间隙。

2．驱动桥异响的故障诊断

1）故障现象。

① 汽车挂档行驶和空档滑行时，驱动桥均有异响。
② 汽车挂档行驶时驱动桥有异响，而空档滑行时异响减弱或消失。
③ 汽车起步或突然变换车速时，驱动桥发出"吭吭"的异响。
④ 汽车缓慢行驶时，驱动桥发出"咯啦、咯啦"的撞击异响。
⑤ 汽车转弯时驱动桥有异响，而直线行驶时异响减弱或消失。

2）故障原因分析。
① 齿轮油油量不足、油质变差或齿轮油内有较大金属颗粒。
② 各类轴承损伤，严重磨损松旷。
③ 主减速器锥齿轮严重磨损，啮合面调整不当，啮合间隙不符合标准，啮合间隙不均或未成对更换啮合副。
④ 差速器壳与十字轴或行星齿轮孔与十字轴配合松旷。
⑤ 半轴齿轮与半轴花键配合松旷。
⑥ 半轴齿轮与行星齿轮啮合间隙不符合标准。
⑦ 各齿轮齿面磨损、损伤，轮齿变形或折断。

3）故障诊断方法与步骤。
① 汽车挂档行驶和空档滑行均有异响时。先检查齿轮油油量是否充足，油质是否符合使用要求，若油量不足或油液变质，则故障由此引起。若添加或更换齿轮油后，故障仍未解除，则需进一步的检查。
② 检查主减速器主动轴锥形滚动轴承的预紧度。用双手握住驱动桥凸缘，沿轴线方向用力推拉凸缘盘，若松旷，则说明故障由此引起；否则继续检查，拆下传动轴和主减速器的主动部分，沿轴线方向撬动从动齿轮，检查差速器轴承的预紧度，若松旷，则说明故障由差速器轴承松旷引起。
③ 松开驻车制动器，使变速器处于空档位置，用手轻轻沿旋转方向来回晃动驱动桥凸缘盘，检查主减速器锥齿轮啮合间隙。若间隙过小，则故障由凸缘盘游动角太小引起。否则故障由主减速器锥齿轮轮齿变形、齿面磨损、损伤、轮齿折断、啮合面调整不当、啮合间隙不均、未成对更换齿轮、壳体变形或从动齿轮连接松动等引起。
④ 汽车挂档行驶有异响，空档滑行时异响减弱或消失，则应检查主减速器锥齿轮是否存在齿的正面磨损严重、齿面损伤或啮合面调整不当等现象，另外还需检查齿的反面技术状况是否良好。
⑤ 汽车转弯行驶有异响，直线行驶时声响减弱或消失，则应检查半轴齿轮或行星齿轮是否存在齿面磨损、损伤、轮齿变形或折断现象。
⑥ 汽车起步或突然变速时发出"吭吭"异响或汽车缓慢行驶时发出"咯啦、咯啦"的撞击异响，则应检查驱动桥内游动角度是否太大。
⑦ 若异响时有时无或有时呈周期性变化，则故障一般是因齿轮油中有杂物引起，应检查齿轮油内是否存在杂物。

3. 驱动桥漏油的故障诊断

1）故障现象。驱动桥的加油口、放油口螺塞处或油封、各接合面衬垫处有明显的漏油痕迹。
2）故障原因分析。
① 齿轮油加注过多。

② 加油口、放油口螺塞松动或损坏。
③ 驱动桥的通气孔堵塞。
④ 油封磨损、硬化、装反、与轴颈不同轴或油封轴颈磨成沟槽。
⑤ 驱动桥的结合面变形、加工粗糙，密封衬垫太薄、硬化或损坏，紧固螺栓松动或脱落。
⑥ 驱动桥壳有铸造缺陷或裂纹。

3）故障诊断方法与步骤。
① 首先要检查加油口、放油口螺塞是否松动，若松动，则按规定力矩拧紧。
② 检查通气孔是否堵塞，若堵塞，应及时疏通。
③ 检查齿轮油是否加注过多，若过多，则调整到正常液位。
④ 若齿轮油从半轴凸缘周围泄漏，应检查半轴油封是否密封不良，必要时更换新的油封。
⑤ 若齿轮油从驱动桥结合面处渗漏，则检查接合面处密封衬垫是否变薄、硬化、磨损，结合面紧固螺栓是否松动或脱落，必要时需拆下驱动桥检查结合面是否变形，是否存在加工误差。
⑥ 若驱动桥壳表面有渗漏痕迹，则检查驱动桥壳体是否破裂或存在铸造缺陷。

4. 注意事项
1）工作前准备应到位（工具应准备齐全、安全防护措施和防火措施应完善等）。
2）拆卸轴承、齿轮时必须使用专用工具。
3）拆解驱动桥时应检查装配标记，若标记不清应重新做好标记。
4）注意行星齿轮止推垫片不得随意更换。
5）驱动桥零件分解后应清洗干净，涂上齿轮油并将零件按装配关系摆放在清洁的工作台上。
6）严格按照技术要求对轴承预紧度、齿轮啮合印记等配合尺寸进行调整。
7）对各紧固螺栓严格按照规定力矩拧紧。
8）必须按规定添加齿轮油，不得随意改变齿轮油的牌号。

5. 案例描述
一辆长安悦翔轿车，行驶 8 万 km，某天行驶一段路程后，车主发现该车驱动桥发热严重，异常烫手。
请同学们根据该车故障现象和本节所讲内容，对该车驱动桥发热的故障进行诊断，并填写诊断记录表（见附录）。

课程育人

案例 8　潍柴动力股份有限公司首席技师王树军

王树军，男，1974 年生，汉族，中共党员，潍柴动力股份有限公司首席技师。

他致力中国高端装备研制，不被外界高薪诱惑，坚守打造重型发动机中国心。他攻克的进口高精加工中心光栅尺气密保护设计缺陷，填补国内空白，成为中国工匠勇于挑战进口设备的经典案例。他独创的"垂直投影逆向复原法"，解决了进口加工中心定位精度为千分之一度的 NC 转台锁紧故障，打破了国外技术封锁。他所获荣誉有：山东省"齐鲁大工匠""齐鲁首席技师""山东省有突出贡献技师""富民兴鲁劳动奖章""山东省省管企业道德模范"等。王树军是潍柴高精尖设备维修保养的探路人和领军人,也是潍柴装备智能升级、智慧转型的引领者和推动者。工作25年来,他一心扎根基层,专心致志与设备打交道,凭借精湛的技艺成为潍柴乃至国内发动机行业中设备检修技术的集大成者,是潍柴工匠人才的典型代表。王树军有两项高超的技能,一是擅长自动化设备的定制化设计及自主研发制造;二是精通各类数控加工中心和精密机床的维修。

一、向洋权威说"不"——做高精尖设备维护第一人

1. 折服国外专家,为中国工人赢得尊重

作为中国最重要高速发动机制造基地的潍柴,拥有世界一流的加工设备。2005年,潍柴为提升主力产品WP10发动机的竞争力,先后从德国和日本引进了世界上最先进的数控加工中心和加工单元。在这些顶尖设备安装初期,负责调试的都是充满优越感的外方工程师。在某品牌加工中心调试过程中,废品率高达10%,外国专家一筹莫展。王树军根据非对称铸造件内应力缓释原理,结合实际、大胆创新,在原设计基础上加装夹紧力自平衡机构,将废品率成功控制在0.1%之内,为中国工人赢得了尊重。他进一步提出成立"中外联合设备调试小组"的建议,面对这个曾经击败过自己的中国人,外国专家不得不同意这一要求,这为中国维修人员打开了难得的国外高精尖设备维修这一禁区。而以王树军为组长的中方调试小组也不负众望,联合调试仅4个月,就解决技术难题72项,不仅得到外国专家的肯定,更积累了近3万字的技术资料。

2. 大胆质疑,解决进口数控设备行业难题

随着高精设备服役时间的不断增加,某加工中心光栅尺故障频发。光栅尺是数控机床最精密的部件,相当于人的神经,一旦损坏只有更换。而采购备件不仅产生巨额费用,还严重影响企业生产。"我怀疑这批设备有设计缺陷,导致了光栅尺的损坏",王树军大胆的质疑惊呆众人,世界最先进的设备怎么可能会有设计缺陷?王树军无异将自己推到风口浪尖上。在众人的怀疑中,他利用一周的时间,对照设备构造找到了该批次加工中心的设计缺陷。继而通过拆解废弃光栅尺、3D建模构建光栅尺气路空气动力模型、利用欧拉运动微分方程计算出16处气路支路负压动力值,搭建了全新气密气路,该方案成功取代原设计,攻克了该加工中心光栅尺气密保护设计缺陷难题,将故障率由40%降至1%,年创造经济效益780余万元,该设计填补国内空白,也成为中国工人勇于挑战进口设备行业难题的经典案例。

3. 挑战不可能,打破国外精密转台维修垄断

进口加工中心精密部件很多,数控转台、主轴等涉及生产厂家的核心技术,厂家既不提供相关资料,也不做培训,一旦发生故障,只能求助厂家。2012年,一台定位精度为千分之一度的进口加工中心NC转台锁紧出现严重漏油现象,面对这个整合了机械、液压、电器、气动各个环节的"铁疙瘩",售后服务人员也无从下手,建议返厂维修。王树军利用独创的"垂直投影逆向复原法",绘制传动三维示意图确定复原思路,在不使用专用工装的情况下,凭借"机械传动微调感触法",成功在 μm 级装配精度下排除设备故障,打破了外国专家垄断维修数控转台的神话。

二、助力中国内燃机迈向高端——做自动化设备改造的领军者

1. 自主造血，消除生产瓶颈

2016年，潍柴推出了一款引发行业震动的产品WP9H/10H。这是一款潍柴自主研发的国内领先、世界先进，国Ⅵ排放的大功率发动机，是中国内燃机的高端战略产品，名副其实的"中国心"。投放市场以来订单持续火爆，完全超出日产80台的设计预期。要想提升产能，最简单的方法就是增加新设备，但至少18个月的采购周期将极大影响与外国产品的竞争。"既然我们的产品已经实现了从中国制造向中国创造的突破，那么我们的设备同样可以实现自主研发制造的突破！"王树军决定带队为WP9H/10H这颗"中国心"自主造血！他采用"加工精度升级、智能化程度升级"的方式，升级主轴孔凸轮轴孔精镗床等52台设备，自制"树军自动上下料单元"等33台设备，制造改制工装216台套，优化刀具刀夹79套，不仅节约设备采购费用3000多万元，更将日产能从80台提高到120台，缩短市场投放周期12个月，每年创造直接经济效益1.44亿元。

2. 逆向思维，突破加工禁区

产品的高端不仅体现在前期工艺设计上，更体现新材料的应用上。WP9H/10H采用了蠕墨铸铁这一新型铸铁，在实现柴油机轻量化的同时，对自制件加工提出了更高的要求。发动机机体后端集成齿轮室最薄位置仅8mm，加工过程中极易出现震刀现象，严重影响产品加工精度，属于机械加工的"禁区"。王树军团队最初通过调整刀片材料、修整切削参数，有效减小了震刀，但单工位加工时间高达22min，无法满足生产线15min的节拍要求。后来，王树军逆向思维提出"反铣刀"设计概念。新的"反铣刀"刀片用正前角的设计方案代替负前角，借助正前角刀片耐冲击的特性，横向分散加工应力，同时将刀柄由分体式刀柄改为一体式刀柄，新刀具应用后单工位加工时间降至13min。不但解决了加工难题还提高了生产效率41%，为企业创造了巨大的经济效益。

3. 大胆尝试，助推智能制造

潍柴是工信部确定的智能制造示范基地，王树军所在的一号工厂是高端柴油发动机智能工厂，王树军也成为装备智能化升级的领军人物。潍柴新一代高端产品采用全新四气门整体式气缸盖，其设计较前代产品实现革命性突破，加工难度也不可同日而语。为保证生产线平衡率，公司决定在导管阀座底孔工序启用三台斗山HM8000加工中心，以并行作业的方式生产。柔性加工中心以其多品种换型作业而独占优势，但工序间转换效率低，成为行业无解的诟病。而在王树军的字典里从来就没有"无解"这两个字，"跨工序智能机器人协同系统"成为他又一次大胆尝试。以闲置机器人为运载核心、增设地轨实现六轴运载向七轴运载的突破，同时辅以光感识别系统，实现物料状态的自动识别调整。随着该系统的使用，四气门整体式气缸盖加工效率一举提升37.5%，高效高质的定制化生态成为这颗中国心的新名片。

2014年，他仅用10天时间，成功改进进口双轴精镗床，解决了产品新工艺刀具不配套的加工难题，缩短了新产品的投产周期，节约购置资金300余万元。2016年，他用50天时间，主持完成了气缸盖两气门生产线向四气门生产线换型的改造，改进设备15台套、改进工装20套,累计节省采购成本1024万元。由他设计制造的"气缸盖气门导管孔自动铰孔装置",解决了漏铰及铰孔质量差问题,每年创造效益500余万元,获得国家实用新型发明专利。"H1气缸盖自动下料单元"有效解决了人工搬运工件及翻转磕碰伤问题,每年创造效益850万元,获得潍柴科技创新大会特等奖。"机体框架自动合箱机""机体主螺栓自动拧紧单元"等10多项自动化设备成功用于生产,整体效率提升25%,每年创造经济效益2530余万元。

三、德技双馨——做工匠精神的坚定践行者

1. 不忘初心,大力弘扬工匠精神

王树军始终将忠诚企业放在首位。在20年前潍柴濒临破产的时期,他信念坚定,毫不动摇。在成名之后,山东电视台等省市媒体对他进行了大量宣传,很多企业高薪聘请,他始终不为所动。单位领导多次想让他从事管理工作,他也婉言谢绝,他常说的一句话就是"不忘初心、牢记职责,干好工作、心中快乐。"作为目前潍坊市唯一的齐鲁大工匠,他走出潍柴,通过言传身教,在社会上大力弘扬工匠精神,潍坊科技学院、潍柴大学聘请他为客座教授,并为他建立了工作室,定期为学生授课,每年培训学生2000多人次,影响和带动了大批青年人。

2. 忠诚企业,毫无保留地传承匠艺

为企业培养高技能人才是王树军的另一项使命,他将自己总结的经验和方法倾囊相授,联合5名高级技师成立了创新工作分站,并通过首席技师大讲堂和潍柴网上学习平台与潍柴全球各子公司进行技术交流和技术培训。他每年授课达240课时,培养的学员个个成为装备管理的骨干。除了开展以技师讲堂为主的教、授立体式培训以外,他在车间还建立了技术成果交流推广机制,每月开展两次以典型故障、维修案例为题材的头脑风暴活动。他带的徒弟中,7人获得技师资格证书,5人获高级技师资格证书。2018年,王树军两个徒弟分别获得全国机器人大赛、自动化控制大赛二等奖。

王树军作为潍柴工匠人才的一面旗帜,凭借精益求精、持之以恒、爱岗敬业、不断创新的工匠精神,为广大职工树立了一个正直进取、勤学实干、技能突出的榜样形象。他是千千万万坚守一线岗位,默默奉献工匠的缩影,他们正在为中国制造业自主创新、迈向高端不懈奋斗。

3.2 转向及行驶系统的故障诊断

汽车转向系统是控制汽车行驶方向性的重要部件,对汽车的行驶安全具有重要的作用,如果转向系统出现故障,不仅会造成转向困难,还会造成转向不及时而发生重大交通事故,影响车内人员和行人的人身安全。

3.2.1 汽车转向沉重的故障诊断

1. 故障现象

1）行驶过程中，驾驶人向左或向右转动转向盘时，感到沉重费力，无回正感；

2）汽车在低速转弯行驶和掉头时，转动转向盘感到非常沉重，甚至打不动。

2. 故障原因分析

1）转向轮轮胎气压不足。

2）转向助力液压系统漏油。

3）转向油泵驱动带松动。

4）转向机传动机构故障。

5）转向助力泵故障。

3. 故障诊断方法与步骤

1）检查轮胎气压是否充足，若充气不足，应进行充气。若充气后故障消失，则表明故障由转向轮轮胎气压不足所致。检测轮胎气压如图3-8所示。

2）检查转向储液罐的油液液面，是否处于Max与Min之间，如图3-9所示。若不足，则添加油液。

图3-8 检测轮胎气压

图3-9 检查储液罐的油液液面

3）检查转向助力泵油管接口是否漏油。若有漏油现象，则更换新的油管接口。

4）检查转向助力泵驱动带磨损情况和松紧度，必要时进行调整或更换。

5）用压力表测量转向助力泵的压力，正常的油压在6.5~12.5MPa范围内，如果低于标准值，则说明转向助力泵磨损严重，应更换。

转向助力泵油压的检测方法：

① 将量程为15 MPa的压力表和节流阀串接到转向油泵和转向阀之间的管路中，如图3-10所示。

② 起动发动机，若有需要，向储液罐内补充

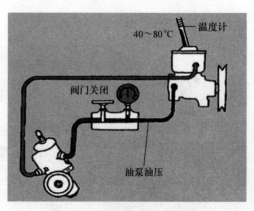

图3-10 检测转向助力泵油压

油液。使发动机怠速运转,转动转向盘数次。

③ 快速关闭节流阀(不超过 5~10s),读出压力值,应在规定范围内。若压力正常,说明转向泵正常。

④ 若压力不足,则应检查压力和流量限制阀是否正常,若不正常,则更换溢流阀、安全阀或转向油泵。

6)检查转向器及转向节衬套、轴承以及纵、横拉杆各连接处的润滑情况。若加注润滑油或润滑脂后故障消失,则表明故障由润滑不良造成。

7)检查转向器是否存在故障。拆下横拉杆,转动转向盘,检查是否轻便灵活。若有卡滞现象,则拆检转向器,检查转向齿轮与齿条是否啮合过紧、轴承或衬套是否过紧、传动件是否损坏等。注意转向器各零件不允许焊接或校正,只能更换。

8)检查转向节与主销。将横拉杆一端拆下,用手扳动前轮使其偏转。若感到沉重,则表明转向节与主销配合过紧;若转动轻便灵活,则应进一步检查球头销,若过紧,则应进行调整。

9)检查车桥、车架或下控制臂与转向节臂,看其有无变形,若发现变形,应予以修整或更换,同时检查前减振弹簧,看其是否折断,若折断应更换。

4. 注意事项

1)工作前准备应到位(工具应准备齐全、安全防护措施和防火措施应完善等)。

2)正确使用常用的维修工具、量具。

3)严格遵守拆装程序并注意操作安全。

5. 案例描述

一辆本田雅阁 2012 年款轿车,行驶将近 6 万 km,某天在行驶过程中,车主感觉到转向沉重,将车辆停下,处于怠速状况下,转动转向盘还是很沉重。

请同学们根据该车故障现象和本节所讲内容,对该车转向沉重的故障进行诊断,并填写诊断记录表(见附录)。

3.2.2 汽车行驶摆振的故障诊断

1. 故障现象

1)车辆在较低车速(20km/h 以下)行驶时,前轮摆振。

2)车辆在较高车速(40~70km/h)行驶时,前轮摆振。摆振现象与车速有关,在此速度区间,就会出现前轮左右摆动,当速度低于或高于此速度区间,摆振现象消失。

微课视频
汽车行驶摆振的
故障诊断

2. 故障原因分析

对于低速摆振的原因分析:

1)前钢板弹簧松动,挠度不良,负重后压平或下弯,使主销后倾角变化。

2)前轴变形,前束过小或反前束(前大后小),前轮外倾角变小。

3)转向器固定螺钉松动,传动间隙过大。

4)纵、横拉杆连接点松动或转向节臂固定松动。

5)轮毂轴承间隙过大。

6)后轮超载或轮胎气压不足。

对于高速摆振的原因分析:

1）一般是低速摆振的因素导致高速摆振。
2）前轮胎气压过低或轮胎由于修补等原因引起不平衡。
3）前轮辋摆差太大，拱曲变形。
4）传动系统的部件松动，传动轴弯曲、动平衡不符合规定等。
5）减振器失效，前钢板弹簧刚度不一致，车架变形或铆钉松动，前轴变形。

3. 故障诊断方法与步骤

对于低速摆振的故障诊断：

1）检查转向传动情况。转动转向盘，观察转向传动机构，若转向盘自由转动量过大，则故障在转向器本身。若转向摇臂摆动量正常，而转向轮不偏转，则故障在传动机构，应检查转向节臂和纵、横拉杆各球头销是否松旷，需要时进行调整。

2）若转向器和转向传动机构均正常，则检查轮毂轴承是否松旷，若松旷，则进行检修和调整。

对于高速摆振的故障诊断：

1）架起驱动桥，前轮安装安全塞块，起动发动机并逐步换入高速档，使驱动轮达到摆振速度。若此时车身和转向盘都出现抖动，出现摆振现象，则为传动系统故障。若没有振摆现象，汽车不出现抖动，则是转向桥存在故障。

2）检查前轮各定位角和前桥是否符合要求，若失准应调整，如图3-11所示。

3）架起前桥，转动车轮检查车轮静平衡情况及轮辋是否变形过大。必要时可更换良好的车轮进行对比试验。

4）检查前轴、车架是否变形。检查传动轴是否弯曲，有条件时应做传动轴动平衡试验，如图3-12所示。

图3-11 检查前轮定位角

图3-12 传动轴动平衡试验

5）检查前钢板弹簧的刚度、减振器的效能以及弹簧支架铆钉有无松动等，性能不符合要求应更换。

4. 注意事项

1）工作前准备应到位（工具应准备齐全、安全防护措施和防火措施应完善等）。
2）检查车轮平衡时，采样转速不能定过高，否则不平衡量太大，无法操作。

5. 案例描述

一辆2005年的大众桑塔纳轿车，行驶到4万km时偶尔出现"摆头"现象，行驶4.5万km以后，当行驶速度达到60km/h时，"摆头"现象严重。

请同学们根据该车故障现象和本节所讲内容，对该车行驶摆振的故障进行诊断，并填写诊断记录表（见附录）。

3.2.3 汽车行驶跑偏的故障诊断

1. 故障现象

1）汽车直线行驶时，转向盘不在中间位置。

2）汽车不能保持直线行驶状态，运动轨迹向左或右发生偏离。必须按照一定方向控制转向盘，才能保持直线行驶状态。

2. 故障原因分析

汽车行驶跑偏的原因主要与轮胎、减振器、转向轮定位、前轮制动器等技术状况有关，具体原因如下：

1）左、右轮胎气压或轮胎直径不一致，导致左、右两侧轮胎的行驶阻力不同。

2）前悬架左、右两侧减振器弹簧刚度不一致。

3）车身或车架变形使左、右两侧轴距不等。

4）转向轮定位失准。

5）转向轮单边制动拖滞、单边轮毂轴承装配过紧或损坏。

3. 故障诊断方法与步骤

1）首先检查左、右转向轮轮胎气压是否符合标准或一致，不符合标准或不一致应充气至标准值。正常情况下，轿车的轮胎气压在 2.0～2.5MPa。

2）检查左、右侧轮胎磨损是否均匀、磨损程度是否一致。

3）汽车行驶一段时间后检查跑偏一侧轮毂和制动鼓的温度，并与另一侧的轮毂和制动鼓相比较。

① 若跑偏侧的制动鼓温度高于另一侧的制动鼓温度，说明该侧有制动拖滞现象，需拆检该侧车轮制动器。

② 若跑偏侧的轮毂温度高于另一侧的轮毂温度，说明该侧轮毂轴承调整过紧、缺油，需要检修、调整。

4）检查前稳定杆与前摆臂是否变形，减振器弹簧刚度及左右弹簧的变形量是否一致。

5）检查前轮定位参数是否正确，若不符合要求则需要重新调整。这些定位参数有主销后倾角、主销内倾角、前轮外倾角和前轮前束。左右轮后方距离 A 与前方距离 B 之差称为前束值，当 A-B＞0 时，前束值为正，反之则为负。前轮前束可以通过改变横拉杆的长度来调整，使两轮的前后距离差值符合规定要求，一般汽车的前轮前束值为 0～12mm。

6）检查前桥、后桥有无变形、移位。若有则需要修理或者更换。

7）检查转向系统各机构安装、调整情况。

4. 注意事项

1）工作前准备应到位（工具应准备齐全、安全防护措施和防火措施应完善等）。

2）必须在专用的举升机上进行检测。

3）车辆一定要停好停正，用三角木固定车轮，防止溜车。

5. 案例描述

一辆奥迪 A6 轿车，行驶 5 万 km，在平直路上以 40km/h 的速度行驶，用手握住转向盘，汽车能够直线行驶，但转向盘有向右侧转动的力矩，松开转向盘后汽车行驶向右侧跑偏。

请同学们根据该车故障现象和本节所讲内容,对该车行驶中跑偏故障进行诊断,并填写诊断记录表(见附录)。

3.2.4 汽车轮胎异常磨损的故障诊断

1. 故障现象

汽车在正常行驶过程中,轮胎异常磨损的形式有很多:轮胎胎冠中部磨损,如图 3-13a 所示;胎冠两侧磨损,如图 3-13b 所示;胎面的花纹一边磨圆,一边有明显的毛刺,如图 3-13c 所示;胎面外侧磨损,如图 3-13d 所示;胎面某处有明显的磨损,如图 3-13e 所示;胎面锯齿形磨损,如图 3-13f 所示。

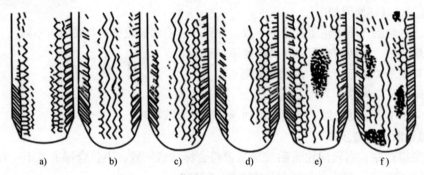

图 3-13 轮胎的异常磨损

2. 故障原因分析

1)轮胎胎冠中部磨损,是由于长期以较高的气压行驶造成。

2)胎冠两侧磨损,是由于长期以较低的气压行驶造成。

3)胎面的花纹一边磨圆,一边有明显的毛刺,是由于前轮前束不对或车桥自身几何尺寸超出规定所致。

4)胎面外侧磨损,主要因前轮外倾失调所致。当两侧车轮外倾角相差较大时,胎面外侧磨损更明显。

5)胎面某处有明显的磨损,是因制动鼓摆差偏大造成。

6)胎面锯齿状磨损,是由于前轮不平衡、转向机构间隙过大、转向传动机构松旷或车轮定位值偏高所致。

3. 故障诊断方法与步骤

1)测量和调整轮胎气压,使轮胎气压处于标准范围内,并按规定对轮胎进行换位。轮胎换位应根据轮胎的不同特点采用不同的换位方法,轮胎换位的方法较多,常用的几种,如图 3-14 所示。

① 斜交轮胎的换位。由于轮胎在使用中,前轮磨损比后轮重,将同一车桥上的轮胎对换,可采用如图 3-14a 所示方法进行换位,使轮胎的左右侧面磨损均匀。经过一段时间的使用后,前轴换下的轮胎可予以报废、翻新或作为备胎使用,新轮胎则装在前轮上。这样做是较为经济合理的。

② 子午线轮胎的换位。子午线轮胎应保持在车辆的同一侧使用,即保持相同的旋转方向,可采用如图 3-14b 和 c 所示方法进行换位。子午线轮胎的旋转走向是固定的,如果旋转方向弄反了,会使车辆失去操纵稳定性,使汽车行驶不顺并产生振动。

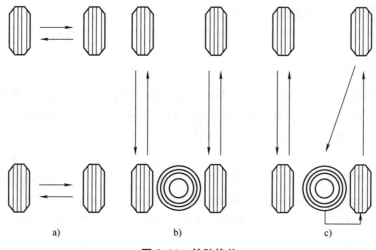

图 3-14 轮胎换位

2）检查并调整转向盘转向角度，转向角度过大会造成轮胎波浪状磨损。

调整方法：

① 将汽车停放在平整地面，将车轮摆正，保持直线行驶位置。

② 转动转向盘，在一定范围内车轮并不偏转，说明转向盘自由行程偏大。检查转向连接球头销、连接螺栓，若无松旷现象，则说明转向器间隙过大，使转向盘自由行程过大。

③ 松开转向器上锁紧螺母，用内六角扳手转动调整螺栓，消除齿轮与齿条的啮合间隙，然后再按规定力矩拧紧锁紧螺母。

3）检测并调整前轮前束值。

前轮前束检测、调整方法：

① 调整车轮前束时，首先应用千斤顶使左、右两侧车轮依次离开地面，检查车轮左、右摆动情况。若摆动过大，则对车轮轮毂内轴承的间隙进行调整。

② 若摆动不大，将两侧车轮同时顶起并摆正，在左、右两侧车轮胎面中心各画一条线，测量两条线之间的距离并记录数据。将轮胎后方数据减去前方数据的差值（即 B-A，前束值）与规定的前束值比较。如图 3-15 所示。若不符，则对车轮前束进行调整。前束值一般为 0～12mm。

③ 调整车轮前束时，用扳手松开转向横拉杆上的锁紧螺母，当测量的前束值小于规定值时，将横拉杆旋松。当测量的前束值大于规定值时，将横拉杆旋紧。通过反复调节横拉杆的长度，使前束值达到规定值。如图 3-16 所示。

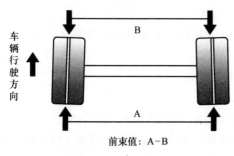

图 3-15 前轮前束

图 3-16 调整车轮前束

④ 按规定力矩拧紧锁紧螺母。

4) 检查轮毂是否松旷，若松旷，应予以调整。转动轮胎，观察轮胎是否偏摆，若是偏摆则为轮辐变形应更换。

4. 注意事项

1) 工作前准备应到位（工具应准备齐全、安全防护措施和防火措施应完善等）。

2) 同一辆车所装的轮胎，其厂牌、花纹应一致，不允许混装不同规格的轮胎。

3) 轮胎的拆装必须使用轮胎拆装机，严禁直接用手工拆装。

5. 案例描述

赵先生有一辆马自达轿车，一天赵先生来到4S店反映，他的车轮胎磨损严重，经问询，该车在行驶2万km时，左前轮胎靠外侧部位磨损严重。

请同学们根据该车故障现象和本节所讲内容，对该车轮胎异常磨损故障进行诊断，并填写诊断记录表（见附录）。

3.2.5 汽车电控悬架的故障诊断

1. 故障现象

1) 悬架刚度和阻尼系数控制失灵。

2) 车身高度控制失灵。

2. 故障原因分析

对于悬架刚度和阻尼系数控制失灵：

1) 悬架刚度和阻尼系数控制开关（LRC）电路或悬架电控单元（ECU）故障。

2) 悬架控制执行器电路故障、空气弹簧减振器故障。

3) 车速传感器故障。

对于悬架高度控制失灵：

1) 高度控制开关电路、调节器电路、排气阀电路、高度控制传感器或悬架电控单元（ECU）故障。

2) 空气泄漏或空气弹簧减振器故障。

3) 高度控制传感器连接杆调整不当。

3. 故障诊断方法与步骤

1) 首先检查是否有空气泄漏现象。

2) 检查空气弹簧减振器是否存在故障。

3) 用故障诊断仪和数据流检测电控悬架系统故障原因，根据故障码和数据流判断故障原因，并进行相应的检修。

4) 检查悬架刚度和阻尼系数控制开关电路、高度控制开关电路和调节器电路等是否存在故障。

5) 检查电控悬架ECU和ECU电源电路是否存在故障。

4. 注意事项

1) 工作前准备应到位（工具应准备齐全、安全防护措施和防火措施应完善等）。

2) 当点火开关在打开状态下，不要随意断开蓄电池，否则容易丢失电控单元中存储的数据。

3) 排除故障试车时，必须起动发动机使汽车高度恢复到正常状态。

4)举升汽车时,必须停止高度控制或断开蓄电池负极线。

5. 案例描述

一辆配置了电子控制主动悬架系统的宝马740轿车,停车熄火后出现了车身前部下沉的故障,重新起动发动机,多功能仪表板显示"车身高度过低,请送维修站检查"的警告,发动机运转后,按下车身上升按钮,车身高度能恢复到正常状态,警告灯随着熄灭,但是停车熄火之后,故障依旧。

请同学们根据该车故障现象和本节所讲内容,对该车主动悬架故障进行诊断,并填写诊断记录表(见附录)。

课程育人

案例9 责任、使命与担当教育

林鸣,港珠澳大桥岛隧工程总工程师,他生命中的12年(48~60岁),都奉献给了港珠澳大桥。他所承担的外海沉管隧道任务是整个工程最核心、难度最大的部分。

在建设港珠澳大桥之前,全中国外海环境下的沉管隧道数量为零。当时世界上只有两座沉管隧道超过3km的跨海大桥。其中的一座大桥:韩国釜山巨济大桥在建设时,每一节沉管的安装,都是由56位从阿姆斯特丹飞到釜山的欧洲专家完成的。于是,林鸣带着工程技术团队到韩国釜山考察,提出到附近去看一看他们的设备,但被拒绝了,只拍了几张远景照片回来。随后,林鸣找到了当时世界上沉管技术最好的一家荷兰公司,希望引进他们的技术和经验。但对方只提供技术咨询,不卖技术,而且还要求支付1.5亿欧元(当时约合15亿人民币)的技术咨询费。在我们还价3亿人民币之后,对方拒绝并轻蔑地说:"你们没有能力做这件事情",还说"我给你们唱首歌,唱首祈祷歌"。

从这一刻开始,林鸣和他的团队坚定了"自我研发,掌握核心技术"的信念。3000多人的团队,开始了七年的走钢丝之旅;桥的价值在于承载,而人的价值在于担当。高品质的工程,不是做给别人看的。工程建设就像走钢丝,每一步都是第一步,每一次都是第一次,每一节都是第一节。没日没夜的论证、成百上千的试验、一项项技术创新和系统集成……林鸣率领团队踏上了铸就超级跨海通衢逐梦之路。

沉管隧道技术一直以来只有两种结构:刚性结构、柔性结构。而中国创新了半刚性结构,成功应用于港珠澳大桥建设中。

第一节海底沉管,历时96个小时。连续96个小时海上鏖战拼搏的专注精神让人动容。33节沉管顺利安装,特别是最后一节沉管,一般完成这项安装至少需要8到10个月,但工程师们创造的"中国技术",仅用一天就实现贯通。

中国从一个沉管隧道技术的小国发展成为国际隧道行业沉管隧道技术的领军国家之一。林鸣带领着他的团队,以责任与担当、奋斗与拼搏,实现了国人引以为傲的中国创造、中国速度、中国质量!

所有大国工匠打造的大国重器、华为5G的胜出、中国航天的奇迹,都是中国人胸怀家园、坚守社会担当和责任的结果。因此,强烈的责任、使命与担当,是强国富民、实现民族伟大复兴的精神力量。在当今这个时代,需要我们大学生具有更加强烈的社会责任和担

当，因为当今社会竞争激烈、开放多元、信息高速发展且具有高风险；社会上逐利思潮的泛化与利益意识，不可避免地波及和侵蚀着大学生的责任意识。实际上，当前大学生的社会责任感问题引起了全社会的普遍关注。"十三五"规划纲要和新修订的《中华人民共和国教育法》均把社会责任感的培养作为今后一段时间国民教育的首项重点任务来抓。学生应把如今的学习成长当作一种追求，更要视为一种扛在肩上的责任。

3.3 制动系统的故障诊断

汽车的制动系统是保证汽车行车安全。随着汽车速度的不断提高和对安全性要求的增强，对汽车制动性能的要求也越来越严格。制动系统一般应具有良好的制动性能和制动稳定性，且制动不跑偏、不侧滑、制动可靠。

3.3.1 汽车制动失效的故障诊断

制动失效是指汽车制动功能丧失，分为完全失效和部分失效。完全失效是没有一点制动作用，部分失效是丧失部分的制动作用，仍保留部分制动性能，不能在短距离内快速制动。

1. 故障现象

汽车在行驶中当迅速踩下制动踏板时，车轮不减速或减速效果很不明显。连续多次踩下制动踏板时，仍无制动效果，汽车不能减速或停车。

2. 故障原因分析

1）制动液严重不足。
2）制动管路堵塞或漏液。
3）制动主缸皮碗或制动轮缸皮碗损坏，或紧急制动时将制动皮碗踩翻。
4）主缸活塞与缸壁或轮缸活塞与缸壁磨损过量，松旷漏液，活塞复位弹簧过软或折断。
5）车轮制动器磨损严重，制动间隙过大或摩擦片有油污，铆钉外露。
6）制动踏板自由行程大。
7）某机械连接部位脱开，踩制动踏板时，主缸活塞不移动。

3. 故障诊断方法与步骤

1）踩几次制动踏板，若制动踏板能踩到底且无反力，则检查制动储液罐是否缺少制动液。若缺少，应添加制动液至规定液面，如图 3-17 所示。若不缺制动液，则检查制动管路和插头有无堵塞或破裂。

2）检查制动系统内是否有空气，若踩踏制动踏板有弹性感，表示液压制动管路内有空气或制动液气化。应将混入的空气排出，如图 3-18 所示。当使用了质量不高的制动液时，容易产生气化，应更换复合要求、质量好的制动液。

3）检查各机械连接部位有无脱开。若有，则应

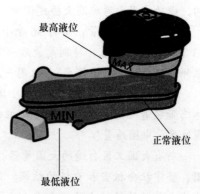

图 3-17 添加制动液

修复。

4）检查主缸活塞、皮碗和复位弹簧是否完好，如图3-19所示。调整主缸推杆的自由行程。

图3-18　排出制动系统中的空气

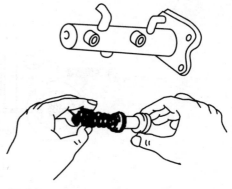

图3-19　检查主缸活塞、皮碗和复位弹簧

5）检查制动间隙是否过大，必要时拆检制动器。检查制动蹄片磨损情况，摩擦片是否沾有油污或铆钉外露，制动轮缸是否磨损严重、皮碗踩翻，制动蹄与支撑销是否严重锈蚀、卡滞等。

4. 注意事项

1）工作前准备应到位（工具应准备齐全、安全防护措施和防火措施应完善等）。

2）更换制动液管后，注意对制动系统进行排气处理，并按规定添注制动液。

3）严格拆装程序并注意操作安全。

5. 案例描述

有一辆丰田卡罗拉轿车在行驶途中突然不能制动，制动时必须连续踩踏板十多次，才能停车。停车后排除油路中的空气才能恢复制动，当行驶一段路程后，又不能制动了。

请同学们根据该车故障现象和本节所讲内容，对该车制动失效故障进行诊断，并填写诊断记录表（见附录）。

3.3.2　ABS的故障诊断

1. 故障现象

1）车辆行驶过程中ABS故障警告灯一直亮。

2）ABS失效，汽车紧急制动时车轮抱死。

3）汽车制动效能差。

2. 故障原因分析

1）制动总泵储液罐内制动液太少。

2）制动系统管路中有空气。

3）车速传感器损坏或线路有故障，车速传感器感应齿圈损坏或传感器与感应齿圈间隙之间有杂物

4）油泵继电器或电动机损坏或线路有故障，如图3-20所示。

5）电磁阀继电器或阀体损坏或线路有故障。

6）ABS电控单元故障或电源线路故障。

微课视频
ABS系统故障诊断

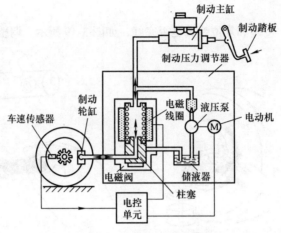

图 3-20 ABS 工作原理图

3. 故障诊断方法与步骤

1）检查制动主缸储液罐内的液面高度，若太低，应加注制动液至正常液面。

2）进行故障自诊断，按照读取的故障码查找故障原因。

3）按 ABS 故障警告灯点亮的情况判断故障的大致范围。

① 发动机起动后 ABS 故障警告灯一直点亮，则可能是 ABS 的 ECU、油泵、电磁阀损坏或其电源线路、搭铁线路有故障。

② 若发动机起动后 ABS 故障警告灯能正常熄灭，但汽车行驶至 40km/h 时踩制动踏板后 ABS 故障警告灯又亮起，则通常是车速传感器损坏或其线路有故障。

4）检测 ECU 电源线路和搭铁情况。打开点火开关，从 ECU 线束插头上检测与蓄电池正极及点火开关电源线路连接的各个端子的电压，应与蓄电池电压相同。若不同，则说明 ECU 电源线路有故障。从 ECU 线束插头上检测各搭铁端子与蓄电池负极之间的电阻，其值应为 0Ω。否则说明 ECU 搭铁不良。

5）检测油泵继电器及其线路。若继电器有故障应更换，若继电器的电源线路或与 ECU 连接的控制线路有故障。应予以修复。

6）检测油泵电动机及其线路。拆开制动压力调节器上盖，拔下油泵继电器，打开点火开关，将连接继电器开关触点的两个端子用一根导线短接，使蓄电池电源直接加在电动机上，应能听到电动机转动的声音，否则说明电动机或其线路有故障，应检修线路或更换制动压力调节器总成。

7）检测电磁阀继电器及其线路，若继电器有故障应更换，若线路有故障应予以修复。

8）检测电磁阀。拔下制动压力调节器线束插头，在制动压力调节器线束插座上分别测量各个电磁阀的线圈电阻，其阻值应符合标准，一般为 0.8 ~ 1.5Ω。若有异常，应更换制动压力调节器总成。

9）测量制动灯开关，在踩下制动踏板时，制动灯开关应闭合。未踩制动踏板时，制动灯开关应断开。若有异常，应更换制动灯开关。

10）检查各个车速传感器感应齿圈有无缺齿、齿圈与传感器之间有无杂物、齿圈与传感器之间的气隙是否正常。

11）拔下传感器线束插接器，检测传感器电阻，其阻值应符合标准。转动车轮，同时用万用表测量传感器的输出电压信号，若无信号输出，说明传感器有故障，应予以更换。

4. 注意事项

1）工作前准备应到位（工具应准备齐全、安全防护措施和防火措施应完善等）。

2）制动系统发生故障由 ABS 警告灯和制动装置警告灯指示。有时 ABS 警告灯和制动装置警告灯不亮，但制动效果仍不理想，则可能是系统放气不干净或在常规制动系统中存在故障。

3）制动不良时，先区分是机械故障还是 ABS 故障。

5. 案例描述

一辆雨燕轿车，行驶 5 万 km，最近车主发现该车 ABS 警告灯经常性点亮报警，有时能够自动熄灭，有时需要重新起动发动机，ABS 警告灯才能熄灭。

请同学们根据该车故障现象和本节所讲内容，对该车 ABS 的故障进行诊断，并填写诊断记录表（见附录）。

3.3.3 汽车制动跑偏的故障诊断

汽车行驶过程中，需要频繁地使用行车制动。制动跑偏是指车辆制动时，两边车轮不能同时制动，导致汽车不能沿直线方向停车。

微课视频
汽车制动跑偏的故障诊断

1. 故障现象

1）汽车制动时，车辆行驶方向发生偏斜。

2）紧急制动时，出现掉头或甩尾现象。

2. 故障原因分析

1）制动器的原因。

① 同轴左右两侧车轮的制动力不相等。主要原因是：某一制动分泵密封圈损坏或制动气室膜片破裂，制动气管或液管漏气、漏液；某一制动气室推杆变形或卡死，制动分泵活塞发咬；某一制动凸轮轴锈蚀，动作不灵活，调节器损坏；某一制动蹄片支承销锈蚀发咬或制动摩擦片有油污；左右两侧制动器与制动蹄片间隙大小不等或摩擦片材料、厚薄、摩擦系数不同。

② 同轴左右两侧车轮制动力增长的快慢不一致。主要原因是：左右两侧制动器的回位弹簧张力大小不同或制动气室推杆长度不同；某一侧制动鼓磨损严重或失圆；某一侧车轮的凸轮轴衬套和蹄片支承销松旷等。

2）车身与悬架系统的原因。

汽车车架变形和悬架系统出现故障将造成车辆轮荷分布不均、前后轴移位等现象，这些现象都会导致制动跑偏。汽车制动时，同轴的左右两侧车轮制动力大小相同，但在制动力增长快慢不一致的情况下，承受载荷小的车轮肯定会先抱死，而承受载荷大的车轮由于惯性的作用必然会抱死，从而出现制动跑偏的现象。主要原因是：

① 车架变形，减振器损坏，钢板弹簧变形、折断或疲劳，悬架系统的导向杆或平衡杆变形等。

② 汽车装载货物摆放不均，造成车辆左右轮载荷分布不均，导致制动跑偏。

3）前轮定位的影响。

前轮定位不正确会造成转向轮"发摆"、转向"跑偏"和轮胎异常磨损等现象，破坏汽车行驶的稳定性，制动时造成制动跑偏，并且由前轮定位不准导致的制动跑偏的方向不是固定不变的，而是时左时右。造成该故障的主要原因是：

①车架变形或悬架系统损坏变形。
②前轴变形、转向节松旷或前束调整不当等。
4)轮胎的影响。
汽车制动过程中,不仅需要足够的制动力,而且需要轮胎与地面之间有足够的附着系数。如果同轴两侧的轮胎气压、花纹、磨损程度或轮胎规格不同,轮胎的附着系数也就不同,从而导致制动跑偏。
5)道路条件的影响。
制动时要求车轮与路面有足够的附着系数,由于路面泥泞、凹凸不平或偏斜等原因,汽车制动时也会出现制动跑偏现象。所以道路试验必须在平直、干燥、洁净的路面上进行,以排除道路因素对汽车制动跑偏的影响。

3. 故障诊断方法与步骤

1)首先应该检查左右侧车轮气压、磨损情况和轮胎规格是否一致。如果同轴两侧轮胎的气压、花纹、磨损程度不一致,应按规定对轮胎进行合理调配和换位。
2)检查车架和悬架系统是否变形。
3)进行路试,需暂时关闭 ABS,进行紧急制动。观察路面轮胎拖痕的轻重和长短,无拖痕或拖痕较短的一侧制动器存在问题,应重点检查。
4)对制动器进行检查时,若制动分泵密封圈损坏,制动气管或液管漏气、漏液,应更换;若制动分泵活塞发咬,应更换分泵活塞;若左右侧制动器摩擦片磨损不等、材料不同、厚薄不均或摩擦系数不同,应调整或更换;若制动摩擦片有油污,应清除。
5)进行四轮定位检测,与该车型标准值进行对比,查看前轮定位角是否存在异常。

4. 注意事项

1)工作前准备应到位(工具应准备齐全、安全防护措施和防火措施应完善等)。
2)更换制动分泵或液管后,注意对制动系统进行排气处理,并按规定添注制动液。
3)通常车辆的前、后车轮轮胎的气压是不同的,在轮胎换位后,应按轮胎所在的位置调整轮胎胎压。

5. 案例描述

一辆 2013 款的捷达轿车,行驶 8 万 km,某天行车过程中,车主发现该车踩制动时有轻微甩尾的现象。
请同学们根据该车故障现象和本节所讲内容,对该车制动跑偏的故障进行诊断,并填写诊断记录表(见附录)。

3.3.4 汽车制动拖滞的故障诊断

1. 故障现象

在行驶过程中,当抬起制动踏板时全部车轮或个别车轮仍有制动作用的现象称为制动拖滞。产生制动拖滞时,会造成制动鼓发热、汽车行驶无力和起步困难等。

2. 故障原因分析

1)制动总泵故障。
①制动踏板没有自由行程以及制动踏板回位弹簧松脱、折断或太软。
②制动踏板锈蚀或磨损发卡,回位弹簧不能使其回位。

③ 制动液太脏或黏度太大，使得回液困难。

④ 制动总泵回液孔、旁通孔被赃物堵塞。

⑤ 制动总泵活塞发卡或橡胶皮碗发胀使其回位不灵，堵住总泵回液孔；制动总泵活塞回位弹簧过软或折断；制动总泵回液阀弹簧过硬。

2）制动分泵故障。

① 制动分泵橡胶皮碗粘住或因发胀而被卡住。

② 制动分泵活塞变形、磨损或卡住。

③ 制动液管被压扁或制动软管老化，内壁脱落或堵塞导致回液不畅。

3）车轮制动器故障。

① 制动蹄摩擦片与制动鼓（盘）间隙过小或烧结、粘住。

② 制动蹄摩擦片脱落，其碎片夹在制动蹄摩擦片与制动鼓（盘）之间。

③ 制动蹄回位弹簧脱落、折断或弹力过小。

④ 制动蹄轴与衬套配合间隙过小、润滑不良或被锈蚀，引起回位困难。

⑤ 制动鼓失圆，制动盘翘曲变形等。

4）真空助力器存在故障使活塞回位困难。

5）轮毂轴承调整不当，使制动鼓歪斜与制动蹄摩擦片摩擦。

6）驻车制动系统的拉杆未放松或钢索调整不当。

3. 故障诊断方法与步骤

1）首先检查驻车制动手柄是否放松或钢索是否调整合适。

2）若驻车制动系统正常，则让汽车行驶一段路程后，用手摸各制动鼓，若全部发热，则说明制动总泵存在故障，应检查制动踏板的自由行程。若过小或无自由行程，应调整到规定范围。若制动踏板自由行程符合标准，则拆下制动总泵储液罐加液螺塞，踩下制动踏板后缓慢回位，查看回液情况，若不回液，则说明回液孔堵塞。若回液缓慢，则为皮碗、皮圈发胀或回位弹簧无力，或制动液太脏、黏度太大。

3）若车辆行驶一段路程后，个别制动鼓发热，则说明发热的制动分泵存在故障。顶起存在故障的车轮，把存在故障的制动分泵排气螺栓旋松，如果制动液急速喷出，车轮也立即解除制动，说明制动管路堵塞。若旋转车轮仍有拖滞，可检测制动间隙和回位情况，若不正常，应进行检修调整。若制动间隙和回位情况正常，则拆卸制动分泵，检查活塞、皮碗等部件，必要时更换新件。

4）检查车轮制动器的工作情况，主要检查摩擦片与制动鼓（盘）的间隙、摩擦片是否脱落、回位弹簧是否过软、制动蹄轴与衬套配合、制动鼓是否失圆和制动盘是否翘曲等。

5）检查真空助力器工作情况。可以采用替换法，更换新的真空助力器进行故障诊断，如果故障排除，说明原来的真空助力器存在故障。

4. 注意事项

1）工作前准备应到位（工具应准备齐全、安全防护措施和防火措施应完善等）。

2）更换制动分泵或液管后，注意对制动系统进行排气处理，并按规定添注制动液。

5. 案例描述

一辆2015款的速腾轿车，行驶10万km，某天行车过程中，车主发现该车制动踏板回位后，个别车轮仍有制动感觉，行驶非常吃力。

请同学们根据该车故障现象和本节所讲内容,对该车制动拖滞的故障进行诊断,并填写诊断记录表(见附录)。

案例 10 敬业感和荣誉感

哈德洛克——永不松动的螺母:高铁运营时,高速行驶的列车铁轨不断接触,形成的振动非常大,一般的螺栓在这种振动中会被振松振飞。不想被振飞,那么就需要螺栓和螺母丝丝入扣,永不松动才行。这个要求看起来很简单,但是要满足它并不容易。世界上做螺栓、螺母的企业可以说多如牛毛,但是能生产这种永不松动的螺母的企业有几家呢?只有一家:哈德洛克工业株式会社。

哈德洛克工业株式会社社长若林克彦早在 1961 年就发明了不会回转的螺母——U 螺母。但是 U 螺母在有的地方还是会松。做出永不松动的螺母,成为若林克彦一生的梦想。在他孜孜不倦地追求下,经过十多年努力和冥思苦想,他终于设计出了永不松动的螺母。这是一种什么精神?这是一种追求卓越的创造精神、精益求精的品质精神、用户至上的服务精神!

山西华翔,20 年时间专注一件事情——做好产品。1995 年之前,我国的压缩机基本全靠进口,现在,山西华翔控制了世界 23% 的压缩机零件量。2017 年 9 月 5 日上午,李克强总理来到华翔,直奔压缩机车间。在曲轴生产专线现场,总理驻足很长时间,看得很有兴致。当看到展台上最新研发的三极曲轴时,总理问是什么材质做得呢?被告知这是在铸铁方面最高强度的极限材质,已有 2400t 多的精密铸件通过两趟中欧班列发往德国和波兰。总理手里惦着一件小曲轴高兴地说:这就是中国制造的希望。

作为民营企业的山西华翔集团,年产 35 万 t 精密铸件,机加工 1.2 亿件,压缩机核心部件占全球市场份额的 19%,产品出口规模全国第一,精密加工能力全国第一。山西华翔集团董事长王春翔对记者说:"总理问我华翔最大的特点是什么,我回答说,用了 20 年时间专注一件事情,就是做好我们的产品,从过去的引进技术转变为现在的自主创新,让技术引领世界。"

李克强总理勉励大工匠们要以师带徒、薪火相传,弘扬精益求精的工匠精神,使中国制造更有质量竞争力。

匠人制造、匠人品质是工匠精神内涵的体现。工匠精神一词,越来越频繁地出现在我们当下的日常生活中,已经开始引领一种新的时代潮流,获得全社会的推崇。中央政府也在倡导全社会弘扬"工匠精神"。2017 年的《政府工作报告》,就提到鼓励企业开展个性化的定制、柔性化的生产,培育精益求精的工匠精神。2018 年《政府工作报告》再次提出,要大力弘扬工匠精神,厚植工匠文化,恪尽职业操守,崇尚精益求精,培育更多"中国工匠",打造更多享誉世界的"中国品牌",推动中国经济发展进入质量时代。

项目 4
汽车车身电气系统故障诊断

任务描述

宋先生有一辆奔驰 S350 轿车，行驶里程约 6 万 km。某天在正常行驶过程中，仪表上的 ABS 和 ESP 故障警告灯异常点亮，并且仪表上显示"ABS 和 ESP 停止运作，参见用户手册"的提示信息。同学们，你们能根据自己所学的故障诊断技能，帮助宋先生判断该故障的原因吗？

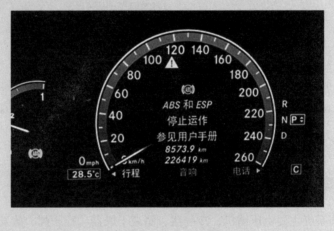

学习目标

1. 能够正确分析汽车空调系统的故障诊断
2. 能够正确分析汽车安全系统的故障诊断
3. 能够正确分析汽车 ESP 的故障诊断
4. 能够正确分析汽车舒适性系统的故障诊断

知识与技能点清单

序号	学习目标	知识点	技能点
1	能够正确分析汽车空调系统的故障诊断	1. 空调完全不制冷的故障诊断 2. 空调制冷不足的故障诊断 3. 压缩机不能正常自动停转的故障诊断 4. 空调系统异响的故障诊断 5. 空调不制热的故障诊断	能够正确分析汽车空调系统的故障诊断
2	能够正确分析汽车安全气囊及安全带的故障诊断	1. 安全气囊的故障诊断 2. 安全带的故障诊断 3. 中控门锁系统的故障诊断 4. 防盗系统的故障诊断	能够正确分析汽车安全气囊及安全带的故障诊断
3	能够正确分析汽车 ESP 的故障诊断	1.ESP 故障的原因 2.ESP 故障维修案例	能够正确分析汽车 ESP 的故障诊断
4	能够正确分析汽车舒适性系统的故障诊断	1. 电动车窗的故障诊断 2. 电动后视镜的故障诊断 3. 电动座椅的故障诊断	能够正确分析汽车舒适性系统的故障诊断

学习信息

4.1 汽车空调系统的故障诊断

汽车空调系统主要由压缩机、冷凝器、储液干燥器、膨胀阀、蒸发器和制冷剂组成。作用是调节车内空气的温度、湿度、流动速度和洁净度等，从而改善车内的空气条件。汽车空调系统常见的故障现象有完全不制冷、制冷不足、冷气时有时无和系统异响等。

4.1.1 空调完全不制冷的故障诊断

1. 故障现象

汽车空调制冷功能完全丧失，开启空调制冷功能后，出风口无冷风吹出。

2. 故障原因分析

1）制冷系统中无制冷剂。制冷系统存在制冷剂泄漏，长期未发现使制冷剂完全泄漏。

2）制冷系统管路内部严重堵塞，使制冷剂无法循环流动，失去制冷作用。

3）压缩机故障。压缩机卡死或内部损坏、进排气阀损坏和压缩机电磁离合器线圈短路等均会造成压缩机不工作或压缩不良。

4）蒸发器温度传感器损坏。蒸发器温度传感器向空调控制单元输入蒸发器温度信号，当检测到温度为0℃时,空调控制单元会使压缩机关闭,防止蒸发器结冰。如果蒸发器温度传感器出现故障,向空调控制单元发出一个错误的温度信号,压缩机在空调控制单元的作用下无法运转,汽车空调将无法制冷。

5)空调系统电路故障。空调系统中压力传感器、温度传感器、温控器、压缩机电磁离合器、高低压保护开关、膨胀阀感温包等电子器件,都是通过连接线束传递电信号的,当线路出现断路或短路故障时,会使得相关电子器件无法工作,从而引起空调不制冷。

3. 故障诊断方法与步骤

(1)检查制冷剂是否完全泄漏

准备工作:擦干净视液镜,起动发动机,将转速稳定在1500r/min左右,打开A/C开关后,将鼓风机置于最高风速档,空调设置在最大制冷位置,使空调系统工作5min左右恢复怠速运转。

检查视液镜中制冷剂的状况,若视液镜内清晰透明无气泡,也看不到液体的流动,如图4-1所示,则可能是制冷剂过多或完全泄漏。可用交替开关空调压缩机的方法来进行检验:如果开、关空调压缩机瞬间,从视液镜内看不到变化,出风口不冷,用手触摸压缩机的进、排气管道,若无温度差异,则说明制冷剂漏光,应立即关闭发动机,以免烧毁压缩机。对于制冷剂完全泄漏情况,首先要查明漏点,修复后重新抽真空,按规定充注制冷剂。

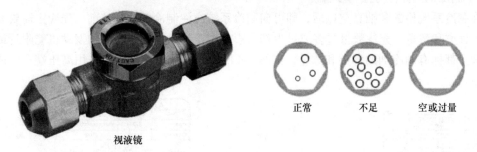

图4-1 视液镜和显示状态

1)空调系统抽真空方法与步骤。

抽真空的主要目的是清除空调系统中的空气和水分。需要注意的是抽真空并不能直接把水分抽出,而是产生真空后降低水的沸点,水分汽化成蒸汽后被抽出。因此,为最大限度地将制冷系统内的空气及水分抽出,必须采用重复抽真空法,即第一次抽真空完毕后,再连续抽30min以上。

① 歧管压力表如图4-2所示。将歧管压力表上的两根高、低压力软管分别连接到高、低压制冷剂充注阀上,将歧管压力表上的中间软管与真空泵相连,如图4-3所示。

② 把歧管压力表上的手动高、低压阀打开到最大位置,起动真空泵。同时观察高、低压表,将系统抽真空至98.70~99.99kPa。

③ 关闭歧管压力表上的手动高、低压阀,观察压力表指针是否回升。若回升,则表示系统泄漏,应进行检漏和修补。若压力表指针保持不动,则打开手动高、低压阀,起动真空泵继续抽真空15~30min,使真空压力表指针稳定。

④ 关闭歧管压力表的手动高、低压阀,然后关闭真空泵。注意应先关闭高、低压阀,防止空气进入制冷系统。

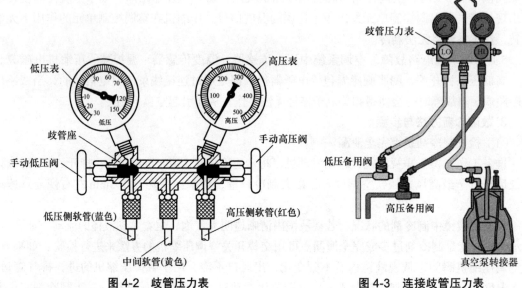

图 4-2 歧管压力表　　　　　图 4-3 连接歧管压力表

2）制冷剂的充注方法与步骤。

在制冷系统检漏和抽真空以后，即可向制冷系统充注制冷剂。充注前，先确定需要充注制冷剂的种类和数量，充注数量过多或过少都会影响制冷效果。一般汽车的发动机舱附近或压缩机铭牌上都标有制冷剂的种类和数量，如图4-4所示。充注制冷剂时可采用高压端充注或低压端充注。

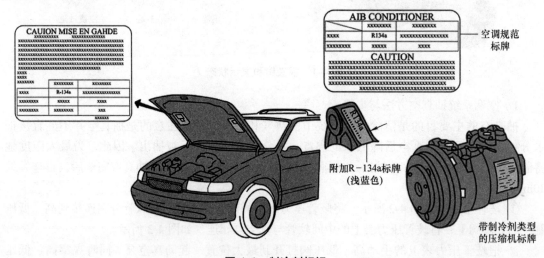

图 4-4 制冷剂标识

① 高压端充注制冷剂。从压缩机排气阀（高压阀）的旁通孔（多用通道）充注，充入的制冷剂液体，如图4-5所示。高压端充注的特点是安全快速，适用用制冷系统的第一次充注，经检漏、抽真空后的系统充注。使用该方法时必须注意，充注时不能起动压缩机，且制冷剂罐要求倒立，并且不能打开歧管压力表上的手动低压阀，防止产生液压冲击。

a. 系统抽真空后，关闭歧管压力表的手动高、低压阀。

b. 将中间软管的一端与制冷剂罐注入阀的插头连接，打开制冷剂罐开启阀，如图4-6所示（将制冷剂罐开启阀蝶形手柄逆时针旋转，直至阀针完全缩回为止，逆时针方向旋转螺柄，使其旋至最高位置）。拧松歧管压力表软管一端的螺母，让气体溢出几分钟，然后拧紧螺母。

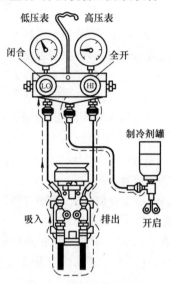

图4-5 高压端充注制冷剂

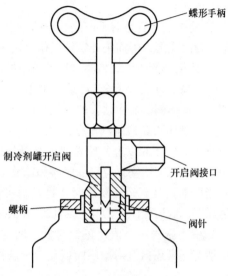

图4-6 制冷剂罐开启阀

c. 完全打开手动高压阀，将制冷剂罐倒立，注入规定量的液态制冷剂。

d. 关闭制冷剂罐注入阀及歧管压力表手动高压阀，然后卸下歧管压力表。

② 低压端充注制冷剂，从压缩机吸气阀（低压阀）的旁通孔（多用通道）充注，充入的制冷剂气体。低压端充注的特点是充注速度慢，可在系统补充制冷剂的情况下使用。

a. 将歧管压力表与空调系统和制冷剂罐连接好。

b. 打开制冷剂罐，拧松歧管压力表中间软管螺母，直到听见有制冷剂蒸气的流动声，然后拧紧螺母，以排出注入软管中的空气。

c. 打开手动低压阀，让制冷剂进入制冷系统，当系统压力达到0.4MPa时，关闭手动低压阀。

d. 起动发动机，打开空调开关，将鼓风机开关和温控开关都调到最大位置。

e. 再打开歧管压力表上的手动低压阀，使制冷剂继续进入制冷系统，直至充入量达到规定值。

f. 观察视液镜，确认系统内无气泡、无过量制冷剂。然后将发动机转速控制在2000r/min，将鼓风机风量开到最大。在30~35℃时，制冷系统低压侧压力应为0.147~0.192MPa，高压侧压力应为1.37~1.67MPa。

g. 充注完毕后，关闭歧管压力表上的手动低压阀，关闭制冷剂罐开启阀。关闭发动机后，迅速卸下歧管压力表，防止制冷剂泄漏过多。

（2）检查制冷系统管路内部是否堵塞

空调系统管道堵塞主要发生在膨胀阀、储液干燥器和冷凝器等高压回路。其中膨胀阀最容易堵塞，膨胀阀通径较小，进口处有过滤网，制冷系统内的脏物一般会堵在过滤网上。冷凝器目前都是平行流的，可能会堵塞一部分通道，一般不会全部堵塞。

对于管道脏堵，如果不是很严重，更换一个储液干燥器即可了。如果非常严重，就需要重新清理系统管路中的杂质、抽真空、重新充注制冷剂；对于轻微冰堵，可用热毛巾敷在冰堵处，如果冰堵程度比较严重，已影响了系统的正常运行，则需要重新处理掉系统管路中的水分，抽真空，重新充注制冷剂。

① 检查制冷管路有无凹陷、弯曲变形或插头处螺纹有无损伤。若检查到空调系统管路存在凹陷、弯曲变形、管插头处螺纹损伤等情况，对这些管道或器件进行修复或替换。

② 使用歧管压力表检测制冷系统中的高、低压侧的压力值。歧管压力表连接方法：将歧管压力表的高、低压开关全部关闭，高压软管（红色）接空调系统高压侧。低压软管（蓝色）接空调系统低压侧。加注软管的一端与歧管压力表相连，另一端接车辆侧面的维修阀门。

用歧管压力表检测汽车空调制冷系统压力时，一般分为压缩机停止和运转两种状态。在压缩机停止运转 10h 以上，压缩机的高低压应为同一数值。如果高、低压力表显示的数值不同，说明系统内部有堵塞，应对膨胀阀和储液干燥器及管路进行检查。

当压缩机处于运转状态时，将发动机转速控制在 1500～2000r/min，起动空调压缩机，正常情况下，低压侧压力为 0.15～0.25MPa，高压侧压力为 1.37～1.57MPa。

如果高压侧压力值比正常时低，低压侧压力值成真空状态，则说明膨胀阀或储液干燥器可能堵塞。可用氮气对膨胀阀或储液干燥器进口或出口吹气，若不通畅，则说明已经堵塞，需更换。

检查膨胀阀时，用手感觉膨胀阀前后的温度差，正常情况下应该是前热后冷，有明显的温度差，并且冷凝器流出管至膨胀阀输入端之间的高压管路及部件温度，应均匀一致。

检查冷凝器时，用手感觉冷凝器流入管和流出管温度，流入管的温度应比流出管的高。

检查储液干燥器时，通过检视窗观察，正常情况下储液干燥器内是透明的，而且用手感觉进、出口的温度应均匀一致。

（3）检查压缩机是否存在故障

开启汽车空调后，按下控制面板上的 A/C 按键，观察压缩机是否运转，需要检测的项目有：

1）压缩机传动机构是否磨损、脱节。

2）电磁离合器（吸盘）是否紧密吸合，如果电磁离合器不能吸合，可以用万用表测量电磁线圈的电阻，正常值为 3.7Ω 左右，否则说明电磁线圈存在断路或短路的现象。

3）压缩机运行时有无异响。

4）压缩机驱动轮上的传动带是否打滑。

5）用歧管压力表检测压缩机工作时的进、排气压力。将歧管压力表的高、低压软管分别接至压缩机的高、低压维修阀上，起动发动机，使其以 2000r/min 的转速在怠速工况运行。压缩机在正常工作时可以听到内部活塞运动的金属声，低压表显示值在 0.15～0.20MPa，高压表显示值为 1.42～1.47MPa。如果高、低压力表读数相同或相差不大，提高发动机转速时，压力值仍无明显变化，则说明压缩机故障。

6）还可用手触摸压缩机进、排气管，如果进、排气管温差不大，则说明压缩机存在故障。

7）当压缩机出现缸和垫窜气故障时，用手触摸压缩机会感觉非常烫手。

对于压缩机引起的空调不制冷故障，维修时，需要检测出压缩机的故障原因，如果是压缩机因缺油而引起的干摩擦，可以补充冷冻润滑油；如果是压缩机电磁离合器（吸盘）发生故障，可以进行单独更换；对于其他的症状，比如压缩机活塞损坏，进、排气阀门损坏，则只能更换压缩机总成。

（4）检查蒸发器温度传感器是否损坏

使用故障诊断仪读取蒸发器温度传感器的数据流，查看蒸发器温度传感器的温度信号，当报出蒸发器传感器温度异常的故障码时，则说明蒸发器温度传感器或其线路存在故障。

根据故障诊断仪上的故障码提示使用万用表辅助检测，如果确定为蒸发器温度传感器连接线束存在故障，则需要对线路进行修复，如果确定为蒸发器温度传感器自身故障，则需要更换处理。

（5）检查空调系统电路

检查空调系统电路时，可以通过故障诊断仪读取故障码来进行判断，另外，现代汽车普遍带有自诊断功能，可以通过相关故障指示灯来划分电路故障区域，例如，当压力开关有故障时，制冷指示灯熄灭，继电器触点断开，切断压缩机及冷凝风机电路，此时，压力系统故障指示灯会点亮，警告空调低压回路需要检修。当冷凝风机工作而压缩机不工作时，应先检查串联电路中的熔丝，然后检测继电器、电磁离合器，如果接通电源/风量开关后制冷指示灯不亮，且蒸发风机也不运转，应检查开关电源端子是否有电压。当控制面板内温控电路发生故障时，温控继电器触点断开，压缩机不能工作，制冷指示灯不亮，应检修或更换控制面板组件。

根据检测结果对空调系统连接线束进行修复，如果确认为电子元器件自身故障，则需要进行更换。

4. 注意事项

1）工作前准备应到位（工具应准备齐全、安全防护措施和防火措施应完善等）。

2）在填充制冷剂时，应避免高温或火源，并在干燥、通风的环境中进行。

3）填充制冷剂时，应从高压端充注液态制冷剂，严禁从低压端以液态充注和起动发动机；可以起动发动机从低压端充注气态制冷剂，但严禁打开压力表高压阀。

4）在制冷剂充注过程中，切勿摇晃制冷剂瓶。

5）严禁将水、杂质及空气混入制冷剂管道，严禁用嘴或压缩空气吹制冷管道。

6）连接压力歧管表软管或制冷剂瓶阀时，一般用手拧紧螺母即可，切勿使用钢丝钳等工具。

7）在拆卸制冷剂管路或填充制冷剂时，切勿接近面部。

8）更换汽车空调配件时，需要补充冷冻润滑油，在进行补充之前，需要注意润滑油牌号。

9）安装空调管路时，对于插头螺纹，要按规定的力矩拧紧，拧得过松容易造成管路密封不严，拧得过紧容易损坏接通螺纹，同时需要注意：

① 使用配套的 O 形密封圈，注意密封圈上不要出现裂纹。

② 安装密封圈时，需要涂上少许冷冻润滑油。

③ 连接金属管与软管时，在插头处涂抹冷冻润滑油。

④ 安装管路时注意整体的布局，防止汽车颠簸行驶时空调管路与其他器件的刮碰。

5. 案例描述

张先生有一辆大众途安 1.8T 手动档轿车，行驶里程 7.6 万 km。最近天气转热，某天行车过程中，该车空调系统完全丧失制冷功能。张先生靠边停车，使发动机处于怠速运转状态，打开 A/C 开关，发现压缩机工作正常，但出风口无冷风。

请同学们根据该车故障现象和本节所讲内容，对该车空调不制冷的故障进行诊断，并填写诊断记录表（见附录）。

4.1.2 空调制冷不足的故障诊断

1. 故障现象

汽车空调制冷功能效果不好，开启空调制冷功能后，达不到所需的正常制冷效果。

2. 故障原因分析

1）制冷剂不足。对于大多数制冷效果下降的故障，都是由于制冷剂微量泄漏，导致制冷剂不足引起的。

2）制冷剂添加过量。对于刚维修后的空调系统，制冷不足的原因大多数是制冷剂添加过量。空调系统中制冷剂在各部件中所占的比例是有一定要求的。如果制冷剂过量，会影响其散热效果。

3）空调系统中有空气。空调系统中一旦有空气进入或维修时抽真空不彻底，空气占用一定的制冷剂空间，影响其正常散热。空气也会随制冷剂在空调系统中循环流动，造成膨胀阀喷出的制冷剂量下降，造成制冷不足的故障现象。

4）制冷剂中有水分。当储液干燥器处于吸湿饱和状态时，制冷剂中的水分则无法被滤出，当制冷剂过膨胀阀节流孔时，由于压力和温度的迅速下降，冷却剂中的水分会在小孔产生结冻现象，从而导致制冷剂的流通不畅，从而影响空调制冷效果。

5）制冷剂与冷冻润滑油内杂质过多，使空调系统中出现部分堵塞而造成制冷不足。

6）压缩机驱动轮带过松，压缩机在运转时出现打滑现象，使传动效率下降，使压缩机制冷剂的输送量下降，从而引起空调系统的制冷不足。

7）冷凝器散热不良。冷凝器长时间使用后，表面会覆盖一层灰尘、异物，影响其散热能力，使高温、高压的气态制冷剂在冷凝器中无法顺利的转化为液体。另外，冷却风扇传动带过松或风扇转速下降等问题，也会使冷凝器散热能力下降。

8）空调翻板损坏。车内的冷风都是从仪表板上的出风口吹出的，如果空调翻板无法调节，空调冷风只能从缝隙中吹出，会大大降低制冷效果。

3. 故障诊断方法与步骤

1）检查制冷剂是否不足。在空调系统正常工作时，若视液镜中有连续不断的气泡产生，则说明制冷剂不足。由于胶管、密封圈等橡胶件老化现象，空调管路中每年可能有50~100g的制冷剂自然泄漏，若是使用3年以后方出现制冷剂不足（各管口未发现污物），则可判断为胶管自然泄漏，此时需要更换高、低压软管和管口密封圈。若出现明显的气泡翻转情况，则说明制冷剂严重不足。首先要查明漏点，修复后重新抽真空，然后按规定充注制冷剂。空调系统检漏方法：

① 目测检漏。首先可通过目测进行检查，发现空调管路某处有油迹时，此处可能为渗漏点。目测检漏简便易行，但除非系统有突然断裂的大漏点，并且系统泄漏的是液态有色介质，否则目测检漏无法准确定位。

② 肥皂水检漏。擦洗干净可能发生泄漏的全部插头、接口和部件部位，并涂上肥皂水，然后向空调管路内充入适量的氮气，观察各部位是否有气泡产生。若有气泡产生，则说明涂抹处有渗漏。由于存在渗漏的部位可能不只一处，注意对全部空调系统进行检查。

③ 卤素灯检漏。点燃卤素灯，手持卤素灯上的空气管口，当管口靠近系统渗漏处时，火焰颜色变为紫蓝色，即表明此处有大量泄漏。需要注意的是，这种检漏方式有明火产生，有危险而且明火和制冷剂结合会产生有害气体。

④ 歧管压力表检漏。使用歧管压力表进行检测时，首先将歧管压力表的高、低压软管分别接在压缩机的排气口（高压侧）、进气口（低压侧）的维修阀上。然后将鼓风机风速调至高档，温度调至最冷档，起动发动机，将转速控制在 1500～2000r/min 时检查（时间不超过 30s，以保护低压表）。正常状况下，高压端压力应为 1.37～1.57MPa，低压端压力应为 0.15～0.25MPa。若不在此范围，则说明空调系统存在故障，故障原因及排除方法如表 4-1 所示。

表 4-1 制冷系统高、低压表读数不正常的原因及排除方法

故障现象			故障原因	排除方法
高压表	低压表	其他部位		
低	低	—	制冷剂不足	加注适量制冷剂
低	低	观察窗中有连续气泡	制冷系统有泄漏	检漏修复，加注适量制冷剂
偶尔低	偶尔低	—	系统内有水分	排放出制冷剂，抽真空，重新充注制冷剂
低	低	干燥器及管路结霜	制冷剂流动受阻	检查管路、膨胀阀、储液干燥器等
高	高	—	制冷剂过多	放出部分制冷剂
高	高	发动机转速下降时，视液镜中也见不到气泡	冷凝器散热不良	检查冷凝器风扇是否工作，检查冷凝器是否脏污，积满灰尘，必要时要清洗冷凝器
过高	过高	低压管道结霜或露珠	膨胀阀工作不良	检查膨胀阀，必要时更换
过高	过高	低压管路发热	系统中混入空气	排放出制冷剂，抽真空，重新充注制冷剂
低	高	—	压缩机故障，系统高、低压窜气	修理或更换故障部件

⑤ 电子检漏仪检漏。使用电子检漏仪对空调管路进行检测时，用探头对着有可能渗漏的地方移动，当检漏装置发出警报时，即表明此处有大量的泄漏。

电子检漏仪如图 4-7 所示，操作步骤如下：将检漏仪电源接上，并预热 10min 左右；将开关拨至校核档，确认指示灯和警铃工作是否正常；将仪器调到所要求的灵敏度范围；将开关拨到检测档，将探头放到被检测部位，如果有超过灵敏度范围的泄漏量，则警铃会发出声响。

需要注意的是，电子检漏仪容易损坏，维护复杂，容易受到环境化学品，如汽油和废气的影响。因此，在检测过程中，一旦查出泄漏部位，应立即将探头离开此部位，以免缩短仪器寿命。

⑥ 荧光示踪检漏法。将特定的荧光剂加入待检测的空

图 4-7 电子检漏仪

调系统,使空调系统运行片刻,以便使荧光剂与原有的制冷剂充分混合,并且在空调系统中充分循环。由于荧光剂具有渗透能力和堆聚性,会随着原有的制冷剂从系统中渗漏出来并堆聚在漏点的周围。

然后使用特点波长的紫外灯对系统外部进行照射,激励荧光剂发出荧光,一般为黄绿色,如图 4-8 所示。渗漏越严重,堆聚的荧光物质就越多,发出的荧光越亮。待修复渗漏处后,用专用荧光清洗剂把渗漏处的荧光清洗干净,然后再次使空调系统运行使荧光剂再次循环,用紫外灯再次检查该处,看是否还有荧光。如果不再出现荧光,说明该处已不再渗漏。该检漏方法有准确、安全、快速和简便的优点。

2)检查制冷剂是否添加过量。在空调系统正常工作时,如果从视液镜中看不到一点气泡,压缩机停转后也无气泡,排除制冷剂完全泄漏的情况下,可确定为制冷剂过多,在空调系统低压侧的维修口处缓慢地放出部分制冷剂即可。

3)检查空调系统中是否有空气、制冷剂中是否有水分、制冷剂和冷冻润滑油中杂质是否过多。

通过视液镜观察制冷剂的状况,如图 4-9 所示。

图 4-8 荧光示踪检漏

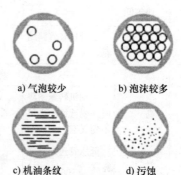

a)气泡较少　　b)泡沫较多

c)机油条纹　　d)污蚀

图 4-9 视液镜显示状态

① 当视液境内偶尔出现气泡,如图 4-9a 所示。并且伴有膨胀阀结霜现象,说明空调管路系统中有水分;若无膨胀阀结霜现象,可能是制冷剂略微缺少或系统中有空气。

② 如果泡沫比较多,如图 4-9b 所示。则空调管路中可能进入了空气。

③ 当视液境内有长串冷冻润滑油条纹时,如图 4-9c 所示。说明冷冻润滑油加注过多。应排出多余冷冻润滑油,再补充适量制冷剂。若视液镜上留下的油渍为黑色或有其他杂物,如图 4-9d 所示。则说明冷冻润滑油变质、污浊,必须清理制冷系统。

④ 当视液境呈雾状,看不清内部制冷剂流动情况,则说明储液干燥器中干燥剂脱落,应更换储液干燥器。

4)检查压缩机驱动轮带是否过松。关闭汽车点火开关,在发动机停转的状态下,在带中间位置用手指全力压下带,其下凹值为 10~15mm 为佳。或者用 98N 的力垂直下压,其下凹值应符合该车型规定。若下凹值过大,则说明带松弛,应按规定进行张紧。如图 4-10 所示为驱动带松紧度示意图。

若检测到压缩机运转时因驱动带的松弛而打滑,可以通过调整张紧轮上的螺栓对驱动带进行紧固,如图 4-11 所示。若紧固无效或驱动带已有裂纹老化等损伤,则应更换新的驱动带。

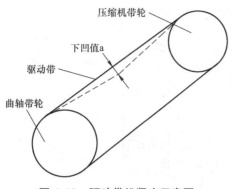

图 4-10 驱动带松紧度示意图

图 4-11 紧固驱动带

5）冷凝器外观检查。打开发动机舱盖后，检查冷凝器表面是否覆盖灰尘、异物，当汽车行驶过一定的里程后，冷凝器及发动机散热器表面会由于表面异物的存在而导致冷凝器散热不良。

当冷凝器存在大量脏污或异物时，需要及时清除，可以使用吹枪吹干净，然后使用水枪清洗，避免发动机温度过高或空调运作不良，如图 4-12 所示。

6）检查空调翻板电动机。用手感觉冷风的进入量，如果风速较小且空调控制面板无法调节翻版缝隙大小，则说明翻板电动机或开关线路出现故障。

空调翻板电动机一般在仪表板中下部，如图 4-13 所示。维修时，首先通过万用表检测相关线路，确认是否是连接线束断路，如果是线束断裂，则需要修复线路，如果是电动机自身损坏，则需要更换翻板电动机。

图 4-12 清洗冷凝器

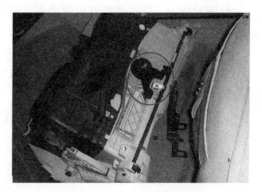

图 4-13 空调翻板电动机

4. 空调系统制冷剂的排空

当检测到汽车空调管路或某个器件存在泄漏时，首先需要对泄漏点进行修复，修复完毕后不能直接添加制冷剂，首先需要将制冷剂排空，对空调系统进行抽真空后，才能加注制冷剂，这是由于空调系统发生泄漏后，由于空气的进入，会影响空调系统的正常工作。

制冷剂排空的方法有两种：一种是将制冷剂排放到大气中。另一种是回收制冷剂，但需要有回收装置。排空时要求周围环境一定要通风良好，不能接近明火，否则会产生有毒的气体。

1）使用歧管压力表排空制冷剂，操作步骤如下：

① 关闭歧管压力表的高、低压手动阀，将歧管压力表的高、低压软管分别连接到空调系统

的高、低压侧维修孔上,将中间软管连接集油罐,如图4-14所示。

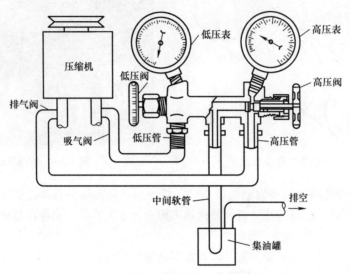

图4-14 用歧管压力表排空制冷剂

② 慢慢地开启手动高压阀,以调节制冷剂流量,注意不能将阀开得很大(制冷剂放得太快,压缩机冷冻机油会从该系统中跑掉)。

③ 当高压表的读数降到0.35MPa以下时,慢慢开启手动低压阀,使制冷剂从高、低压两侧同时排出。

④ 随着压力下降,逐渐开大手动高、低压阀,直到两个压力表的读数都为0MPa,制冷剂排放结束。

⑤ 关闭手动压力表的高、低压阀。迅速卸下歧管压力表,防止制冷剂泄漏过多。

2)使用制冷剂回收机回收制冷剂,如图4-15所示。操作步骤如下:

① 连接制冷剂回收机的高、低压管到汽车空调系统的高、低压阀。

② 打开管路与空调系统的连接阀门。

③ 检查制冷剂回收机上的高、低压表是否指示正压,如果没有正压,则说明无制冷剂可回收。

④ 慢慢打开制冷剂回收机的排油阀,将排出的冷冻润滑油收集到集油瓶中,按相关规定进行处理,然后关闭排油阀。

图4-15 制冷剂回收机

⑤ 开始回收制冷剂。回收机会显示所回收的制冷剂量,同时制冷剂中的不凝气体将自动排出,制冷剂中的冷冻润滑油被分离出来。

⑥ 当回收机上的压力指示为0MPa,显示所回收的制冷剂量不会增加时,表明汽车空调系统内的制冷剂被全部回收,关闭回收阀,停止回收制冷剂。

⑦ 再次打开回收机的排油阀排油,仔细观察集油瓶中的油量,计算出本次回收制冷剂所带出的冷冻润滑油油量。

5. 注意事项

1）工作前准备应到位（工具应准备齐全、安全防护措施和防火措施应完善等）。

2）在填充制冷剂时，应避免高温或火源，并在干燥、通风的环境中进行。

3）填充制冷剂时，应从高压端充注液态制冷剂，严禁从低压端以液态充注和起动发动机；可以起动发动机从低压端充注气态制冷剂，但严禁打开压力表高压阀。

4）在制冷剂充注过程中，切勿摇晃制冷剂瓶。

5）严禁将水、杂质及空气混入制冷剂管道，严禁用嘴或压缩空气吹制冷管道。

6）连接压力歧管表软管或制冷剂瓶阀时，一般用手拧紧螺母即可，切勿使用钢丝钳等工具。

7）在拆卸制冷剂管路或填充制冷剂时，切勿接近面部。

8）更换汽车空调配件时，需要补充冷冻润滑油，在进行补充之前，需要注意润滑油牌号。

9）安装空调管路时，对于插头螺纹，要按规定的力矩拧紧，拧得过松容易造成管路密封不严，拧得过紧容易损坏接通螺纹，同时需要注意：

① 使用配套的 O 形密封圈，注意密封圈上不要出现裂纹。

② 安装密封圈时，需要涂上少许冷冻润滑油。

③ 连接金属管与软管时，在插头处涂抹冷冻润滑油。

④ 安装管路时注意整体的布局，防止汽车颠簸行驶时空调管路与其他器件的刮碰。

6. 案例描述

一辆奥迪 A6 轿车，车主在夏日长途行驶时，空调的制冷效果越来越差，并且出风口的风量也随着开车时间的延长而减小，将空调关闭一段时间后，再次打开空调，空调恢复正常制冷，运行一段时间后又出现上述故障，并且在空调长时间开启过程中，驾驶人侧地板上有空调水渗入。

请同学们根据该车故障现象和本节所讲内容，对该车空调制冷不足的故障进行诊断维修，并填写诊断维修记录表（见附录）。

4.1.3 压缩机不能正常自动停转的故障诊断

1. 故障现象

在正常工作情况下，对于采用循环离合器控制方式的空调系统，压缩机会间断停转（由温控器自动控制）。若压缩机一直不停地运转，或在过低气温、缺少制冷剂，或系统高压过高（冷凝器温度过高）时，压缩机仍能运转，则是不正常的。

2. 故障原因分析

1）低压（低温）保护开关损坏。

2）高压压力开关损坏。

3）温控器失灵。

4）线路短路。

3. 故障诊断方法与步骤

1）首先检查压缩机的进、排气压力。如果吸气压力低于起跳值，则说明低压开关损坏。如果排气压力高于起跳值，则说明高压开关损坏。更换压力继电器后，查看故障是否排除。

2）检查温控器。切断温控器电源，观察温控器能否正常起跳，若不能正常起跳，则说明

温控器故障，应更换。

3）最后检查电路是否有短路或破损现象。

4. 注意事项

1）工作前准备应到位（工具应准备齐全、安全防护措施和防火措施应完善等）。

2）连接压力歧管表时，一般用手拧紧螺母即可，切勿使用钢丝钳等工具。

5. 案例描述

一辆空调系统为循环离合器控制方式的某品牌轿车，行驶里程约6万km。某天行车过程中，车主发现起动发动机，打开空调开关后，压缩机始终处于运转状态，不能正常停转。

请同学们根据该车故障现象和本节所讲内容，对该车空调压缩机不能正常停转的故障进行诊断，并填写诊断记录表（见附录）。

4.1.4 空调系统异响的故障诊断

1. 故障现象

1）汽车空调系统工作过程中，外部部件产生异响。主要有离合器、传动带、支架、张紧轮、风扇风机和系统管路等产生的异响。

2）汽车空调系统工作过程中，内部部件产生异响。主要是压缩机内部运动部件产生的异响。

2. 故障原因分析

1）对于外部异响。

① 离合器引起的异响，主要原因有：带轮和磁吸盘吸合的表面有油渍或污垢；磁吸盘上的簧片断裂或铆合松动；离合器间隙不均匀，磁吸盘偏摆；离合器线圈故障或插头松动。

② 传动带引起的异响，主要原因有：传动带松弛或磨损引起打滑；带轮轴承磨损；传动带过紧引起压缩机振动；带轮轴线不平行或与传动带不在同一平面内，引起压缩机振动。

③ 支架引起的异响，主要原因有：发动机、压缩机支架和压缩机等连接处螺钉松动或脱漏。

④ 张紧轮引起的异响，主要原因有：张紧轮轴承损坏或脱落；张紧轮、压缩机带轮和曲轴带轮不在同一平面上。

⑤ 风扇风机引起的异响，主要原因有：冷凝器或蒸发器电子扇扇叶、轴承损坏或扇叶与周围物体产生干涉。

⑥ 系统管路引起的异响，怠速条件下，在车内听到发动机舱有周期性的"哒哒"声，这类异响一般是由压缩机与发动机产生共振或空调系统管路气流造成的。

2）对于内部异响。

压缩机正常工作时，内部运作声音比较平稳，若压缩机内部发出周期性的尖叫或敲击声，可能是由于压缩机内部衬套、轴套或导向球等发生了严重的磨损。

3. 故障诊断方法与步骤

1）检查带轮和磁吸盘的吸合表面是否有油渍或污垢，若有，则清除表面油渍和污物；检查磁吸盘上的簧片是否断裂或铆合松动，若有，则更换新的磁吸盘；检查离合器间隙是否均匀，若不均匀，则调整离合器间隙或更换新的离合器；检查离合器线圈是否存在故障和线束插头是否松动，若插头松动，则紧固。若离合器线圈故障，则更换离合器线圈或离合器。

2）检查传动带的松紧度及是否磨损，根据需要调节传动带张紧度，若传动带磨损严重，则更换传动带；检查带轮轴承是否磨损，根据需要更换带轮轴承；检查带轮轴线是否平行及是否与传动带在同一平面内，根据需要更换带轮或离合器。

3）检查发动机、压缩机支架和压缩机之间的连接是否松动，若有松动，则紧固安装螺栓。

4）检查张紧轮轴承是否松动或脱落，若损坏或脱落，则更换新的张紧轮。检查张紧轮、压缩机带轮和曲轴带轮是否在同一平面内，根据需要进行调整。

5）检查冷凝器、蒸发器电子扇扇叶、轴承等是否损坏，与周围物体是否干涉。若电子扇损坏，则更换电子扇。若与周围物体干涉，则排除干涉物。

6）若是压缩机与发动机产生共振或空调管路气流造成的异响，则改善共振条件或加管路消振装置。

7）若是压缩机内部部件磨损造成的异响，则根据需要更换压缩机总成。

4. 注意事项

1）工作前准备应到位（工具应准备齐全、安全防护措施和防火措施应完善等）。

2）更换汽车空调配件时，需要补充冷冻润滑油，在进行补充之前，需要注意润滑油牌号。

3）安装空调管路时，对于插头螺纹，要按规定的力矩拧紧，拧得过松容易造成管路密封不严，拧得过紧容易损坏接通螺纹。

5. 案例描述

张先生有一辆本田奥德赛轿车，行驶里程约 8 万 km。某天行车过程中，张先生开启空调后，听到车头处传来"唧唧"的异响，张先生把车送到 4S 店检修时，维修技师检查车辆后告诉张先生汽车空调没有问题，怀疑是张紧轮的问题。

请同学们根据该车故障现象和本节所讲内容，对该车空调异响的故障进行诊断，并填写诊断记录表（见附录）。

4.1.5 空调不制热的故障诊断

汽车空调的暖风系统是利用发动机冷却液循环进行取暖、调节车内温度与湿度及车窗玻璃除霜的装置，该系统由加热器芯、热水阀、暖水管、发动机冷却液等组成。因此，引起空调不制热的主要原因是发动机冷却系统、送热风系统的故障。

微课视频
空调不制热的
故障诊断

1. 故障现象

开启空调制热功能后，车内出风口无暖风、暖风风量过小或暖风温度低等。

2. 故障原因分析

1）暖风控制机构工作不良。汽车的暖风是利用鼓风机把暖风散热器的热量吹入到驾驶室的，如果风量不够或冷热风分配不好，使暖风散热器的热量散发不出来，会造成暖风的温度低。

2）发动机冷却系统故障。发动机工作时产生热量，其冷却液会将这些热量传递给暖风散热器（热交换器），当发动机冷却系统出现故障使暖风散热器内的冷却液温度低时，鼓风机则无法向车内吹送暖风。

3）暖风散热器管道堵塞。汽车空调暖风散热器连接进水和出水两个管道，空调在正常工作的情况下由于冷却液的循环流动，进水管和出水管都是热的。当管道堵塞时，例如进水管是热的，出水管是凉的，冷却液无法循环，造成鼓风机吹出的冷风无法经过暖风散热器加热。

4）冷却系统和送热风系统冲突。当水泵叶轮破损时，发动机冷却液至暖风散热器的循环流动过于缓慢，此时空调制热效果会较差。

当节温器常开或开启过早时，使冷却液过早地进行循环流动，而外部气温很低，冷风很快把冷却液冷却，发动机冷却液温度上不来，吹向车内的暖风也不会热。

另外，当发动机冷却系统的冷却液不足时，也会影响汽车空调系统的制热功能。

5）空调电路故障。当鼓风机、空调控制单元、风扇调速电阻、温度传感器等电子元器件及其线路出现故障时，空调系统则无法按照设定的温度适时地输入暖风。

6）暖风系统壳体或通风管道破裂，造成漏气。

3. 故障诊断方法与步骤

1）检查空调滤芯。空调滤芯在使用过程中，如果长时间未清理，则会附着大量尘土，导致暖风量减小，空调制热效果降低。另外，如果空调吹出的风有异味，则很可能是空调滤芯过脏。

正常情况下，空调滤芯的使用寿命是一年或3万km，当检测到空调滤芯有脏污、表面覆盖异物时，需要进行清理或更换，注意空调滤芯不能用水清洗，只能用气枪或吹风机吹掉脏物。如果过脏，则需要及时更换，更换时，需要注意将空调滤芯上标注的箭头朝上，如图4-16所示。

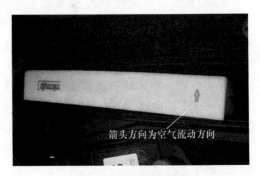

图4-16　更换空调滤芯

2）检查暖风散热器管道温度。用手触摸暖风散热器的进、出水管，正常情况下两根管都是热的。如果都是冷的，说明发动机冷却系统存在故障，如果暖风散热器的进水管很热，而出水管较凉，则说明暖风散热器有堵塞。

当检测到暖风散热器管道堵塞时，维修起来较为复杂，对于大多车型，需要将整个仪表板拆掉才能看到暖风散热器，而且需要清洗暖风散热器及更换全部冷却液。

3）检查冷却液的液面。看冷却液的液面高度，冷却液正常的容量应在min和max之间，如图4-17所示。如果液位过低，应及时补充。

4）检查节温器。当节温器发生故障，主阀门始终常开状态时，冷却液始终处于大循环，散热器一直给冷却液散热，造成发动机冷却液温度偏低、空调的暖风不热。

节温器的检测：

① 检查节温器阀门的开启温度。拆下节温器（一般安装在发动机水套出水口处），将其浸入水中。逐渐将水加热，检查节温器主阀门的开启温度，如图4-18a所示。如果节温器主阀门开启温度不符合要求或在常温下关闭不严，应更换节温器。

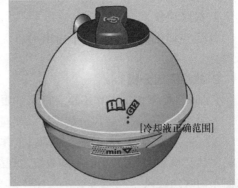

图4-17　检查冷却液液面高度

② 检查节温器阀门的升程。当冷却液温度加热到93℃时节温器阀门的升程应大于8.5mm，

如图 4-18b 所示。如果阀门升程不符合规定，应更换节温器。

③ 节温器在 75℃ 以下时，阀门应完全关闭，若未完全关闭，应更换节温器。

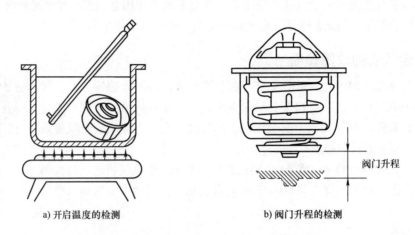

a) 开启温度的检测　　　　b) 阀门升程的检测

图 4-18　节温器开启温度和阀门升程的检测

检测到节温器存在故障时，需要进行更换，不同车型的节温器安装位置各有差异，拆卸更换方式也略有差异。总体来说，需要先排放冷却液，准备好汽车套筒工具，将节温器附近的相关配件拆卸下来，然后将节温器连接的大、小循环水管拆卸掉，更换新的节温器。完成后，将之前拆除的配件重新恢复原状，然后按规定加注冷却液。最后试车，检查发动机冷却液流通有无异常。

5）检查空调电子器件及其线路。使用诊断仪、万用表等工具检测空调供暖相关的电子元器件是否正常工作，可以通过数据流、电压、电阻等参数值进行对比检查。

当检测到空调供暖系统连接线束存在断路时，可以进行搭铁、焊接处理。当检测到线束搭铁短路时，需要将搭铁裸露线头绝缘处理。当检测到电子元器件损坏时，例如鼓风机不转动、温度传感器数据异常等，需要进行更换。

6）检查暖风系统壳体或通风管道是否破裂，若有破裂，则根据需要进行修复或更换。

4．注意事项

1）工作前准备应到位（工具应准备齐全、安全防护措施和防火措施应完善等）。

2）加注冷却液之前，需要确认冷却液的规格型号。

3）空调滤芯不能用水进行清洗，更换空调滤芯时，注意安装方向。

4）更换节温器时，需要先排空冷却液，然后进行拆卸更换，最后按规定添加冷却液。

5）在进行拆装空调任何电器部件之前，需要先将电源关闭并断开蓄电池负极接线。

5．案例描述

李先生有一辆 2011 年的宝马 3 系轿车，行驶里程将近 8 万 km。某天行车过程中，李先生发现开启空调时，车内风量正常，制冷正常，当开启制热功能时，暖风温度较低，车内温度提不上去。

请同学们根据该车故障现象和本节所讲内容，对该车空调不制热的故障进行诊断维修，并填写诊断记录表（见附录）。

4.2 汽车安全系统的故障诊断

汽车安全系统主要指安全气囊和安全带。安全系统的作用是当汽车发生碰撞时,保护驾驶人和其他乘员的安全。因此,保证安全气囊和安全带的正常工作十分重要。

4.2.1 安全气囊的故障诊断

安全气囊系统(SRS)主要由安全气囊电控单元、碰撞传感器、安全气囊组成。其中电控单元连接着汽车自诊断系统,若汽车自检系统检测到安全气囊系统存在故障,则仪表板上安全气囊指示灯会点亮,以提示安全气囊系统存在故障,需要进行检修。

微课视频
安全气囊的
故障诊断

当点火开关接通到 ON 位或 ACC 档位置后,安全气囊系统将进入自检测过程。如果安全气囊指示灯点亮或闪亮 6s 后自动熄灭,表示安全气囊系统功能正常。

1. 故障现象

1)汽车起动时,安全气囊系统自检结束后,仪表板上安全气囊系统指示灯持续点亮。
2)汽车行驶过程中,仪表板上安全气囊系统指示灯点亮。

2. 故障原因分析

1)传感器和诊断模块与组合仪表失去通信。
2)组合仪表未针对车辆配置进行设置。
3)预紧器或安全气囊总成已展开。
4)传感器和诊断模块中的储备能量被启用(蓄电池电压低于 7.5V 时)。
5)控制单元内部故障。
6)碰撞传感器故障。
7)SRS 指示灯电路故障。
8)插接器插头之间线路断路或短路,熔丝熔断。

3. 故障诊断方法与步骤

1)通过故障检测仪或解码器连接汽车诊断插座,读取安全气囊相关故障码、数据流,通过故障码提示判断安全气囊系统故障范围。

2)如果提示故障码,根据故障码信息检查 SRS 电控单元线路连接、传感器连接、过电机构是否可靠,检查各线路插接器是否有损坏。检测步骤如下:

① 将点火开关置于 LOCK 位置,断开蓄电池负极线。
② 打开中央通道护板。
③ 断开仪表插接器。
④ 连接蓄电池负极,将点火开关置于 ON 位置。
⑤ 检查仪表插接器电源进线端子电压是否为 12V 左右。
⑥ 检查仪表插接器诊断 K 线端口电压是否正常。
⑦ 检查安全气囊电控单元、诊断接口、SRS 指示灯、仪表之间的插接器导通情况。

3)检查碰撞传感器是否存在故障。更换新的碰撞传感器,如果故障消失,则说明碰撞传感器存在故障,应更换。

4）拆下转向盘衬垫（带安全气囊）进行下述项目的目视检查。

① 检查转向盘衬垫上的表面凹槽部分是否有刻痕、裂纹或明显的污渍。

② 检查插接器和配线是否有切痕、裂纹或碎片。

③ 检查转向盘扬声器按钮接触板是否变形。

5）检查转向柱、转向盘是否松动、受损或变形。

6）检查保险杠、车身覆盖件和车身骨架等是否裂损、变形。

4. 注意事项

1）工作前准备应到位（工具应准备齐全、安全防护措施和防火措施应完善等）。

2）在进行检修前，应将时钟、防盗系统与音响系统的内容记录下来，有电动后视镜、电动倾斜和伸缩转向系统、电动座椅及电动肩带系统装置的车辆，维修后应刷新调整和设置存储。

3）故障码是安全气囊系统故障诊断的重要信息源。在系统故障诊断时，应首先读取故障码，然后再断开蓄电池负极。

4）若车辆只发生轻微碰撞，SRS 没有触发膨胀，也应对转向盘衬垫、前座安全气囊总成、座椅安全带收紧器和安全气囊前碰撞传感器等进行检查。

5）若碰撞车辆的 SRS 已经触发，除需更换已经引爆的气囊与安全带收紧装置外，还必须同时更换全部碰撞传感器和中央气囊传感器总成，并检查线束与插头状况。

6）检测安全气囊电路时，需要专业人员规范操作，避免人为操作使安全气囊起爆，比如禁止使用万用表去测量安全气囊点火器的电阻，因为微小的电流即可引爆点火器，使安全气囊充气膨胀。

7）对安全气囊进行检修时，应将点火开关置于锁止位置，先断开蓄电池负极，等待 3min，若指示灯运行异常则应等待 10min，再进行操作。

8）拆卸转向盘安全气囊总成时，应将转向盘衬垫顶面向上正置，不可翻转倒置，且要远离水、机油、油脂、清洁剂等物。

9）对不同车型的安全气囊系统故障码的读取与消除方法应加以区别。

10）禁止碰撞传感器、安全气囊电控单元、转向盘衬垫、安全气囊总成或座位安全带收紧器直接暴露在热空气中或接近火源。

11）拆卸时应注意保护安全气囊组件，特别是插接器，连接线束。如果需要进行焊接，应拆下转向柱下多功能开关附近的插接器，对安全气囊系统电路进行安全保护。

12）汽车保养维护时，若发现碰撞传感器、安全气囊电控单元、转向盘衬垫、安全气囊总成或座椅安全带收紧器等系统部件，在外壳、托架或插接器处有裂纹、凹陷或其他缺陷，应换装新品。

13）拆卸已经起爆的安全气囊后，应洗手，若有杂质进入眼睛内，应立刻用清水冲洗，以防受到损伤。

14）更换安全气囊系统的器件时，要确认器件完好无损，并且型号必须与原车一致。

15）如果传感器安装架已经变形，不论安全气囊是否爆开都必须更换新传感器，同时对传感器安装部位进行修复，使传感器外壳方向标记朝向汽车前方。对于已经爆开的气囊，必须全部更换新件。

16）安装时必须按规定的拧紧力矩将控制装置安装牢固，螺旋导线线盘对正后方可安装转向盘等。安装线束时，注意线束不要被其他零件挤压，避免交叉穿越其他零部件。安装碰撞传

感器时，传感器上的箭头应朝向规定方向。

5. 案例描述

王先生有一辆大众速腾轿车，行驶里程约 4 万 km。某天在行驶过程中，王先生发现安全气囊警告灯突然闪亮。

请同学们根据该车故障现象和本节所讲内容，对该车安全气囊警告灯亮的故障进行诊断维修，并填写诊断记录表（见附录）。

4.2.2　安全带的故障诊断

汽车座椅安全带是车辆发生事故时配合安全气囊保护车内乘员最有效的设备，随着汽车使用时间的延长，安全带也会老化，最主要的表现是内部卷簧器老化，安全带会过松或不能及时拉紧。因此，需要对安全带进行定期的维护。另外，如果安全带在使用中曾承受过一次强拉伸负荷，即使未损坏，也应更换，不能继续使用。碰撞事故发生后，不论安全气囊是否起爆，都应对相关安全系统做一次全面检修。

当乘客坐到座椅上，起动车辆自检时，座椅位置占用传感器会监测到这个信号并传递给电控单元，电控单元接通安全触发开关，检测安全带是否插好。如果安全带感应器插座松动，连接线束断路或短路，电控单元或仪表自身出现故障时，安全带指示灯会长亮，以提示车主安全带系统存在故障，需要进行检修。

1. 故障现象

1）汽车行车途中（车速 20km/h 以上，因车而异），在系好安全带的情况下，仪表板上安全带系统指示灯长亮。

2）汽车上电后但未发动时，自检过程中，安全带指示灯始终不亮。

3）使用安全带时，带身无法自如地拉伸。当安全带复位时，带身无法流畅地复位。

2. 故障原因分析

1）感应器插接器松动。

2）安全带卡扣开关故障。

3）传感器、电控单元、仪表通信故障。

4）安全带固定插槽松动。

3. 故障诊断方法与步骤

1）通过故障检测仪或解码器连接汽车诊断插座，读取安全带相关故障码、数据流，通过故障码提示判断安全带系统故障范围。如果提示故障码，根据故障码信息检查安全带传感器、电控单元和仪表通信是否存在故障，检查各线路插接器是否有损坏。

2）检查安全带是否能自如地拉出，当收紧器从安装位置缓慢地倾斜 15° 时，确保安全带不会被锁住。

3）将安全带从自动收卷器或腰带调整舌中完全拉出来，检查带身是否清洁完整，必要时用中性肥皂液清洗。

4）检查自动收紧器的锁止功能，当缓慢拉出安全带时，确认安全带不会被锁住，正常情况下，安全带只有突然停车或受冲击时才会锁住，将安全带带身用力从自动收紧器拉出来，若无锁止作用，需要将安全带连同锁扣整体进行更换。

5）检查锁扣是否有裂缝或裂开，把锁舌推入锁扣，直至可听见两者啮合的声音，用力拉动带身，检查锁止机构是否连接牢靠；用手指按压锁扣上的按钮来松开安全带，在带身松开时，锁舌必须自动从锁扣中弹出来。

6）检查导向板和锁舌是否变形、裂开。

7）检查安全带系统连接线束及其插接器有无破损。

8）检查安全带电路中熔丝、传感器、电控单元是否有故障。

4. 注意事项

1）工作前准备应到位（工具应准备齐全、安全防护措施和防火措施应完善等）。

2）收紧器的零部件不允许拆开修理，原则上只能使用新部件，防止收紧器在紧急事故中存在不工作的潜在危险。

3）受过剧烈碰撞或在地上摔过的收紧器单元不允许再安装到车辆上，有机械损坏（凸凹痕、裂缝）的收紧器单元需要更换。

4）安全带预紧装置控制电路的检修，应在点火开关转到"LOCK"位且将蓄电池搭铁线拆下 20s 后进行。

5）禁止使用万用表测量座椅电动安全带收紧器的电阻，以防止收紧器被触发。

6）收紧器控制单元不可用油脂、清洁剂或类似的物质处理，而且绝对不允许放置在 100℃ 以上的温度下。

7）存放拆下的或新的安全带时，双锁式插接器锁柄应处于销定位置，注意不能损坏插接器。

8）安全带上不得沾油，积聚在固定装置金属环内的污垢会引起安全带收缩缓慢。

9）当使用电弧焊等工具进行焊接时，需要先拔下安全带预紧装置的插接器。

10）车辆座椅上如果需要更换安全带器件时，需要使用与原车同规格的器件。

5. 案例描述

李先生有一辆别克君越轿车，行驶里程约 9 万 km。某天在行驶过程中，李先生发现在系好安全带的情况下，安全带警告灯突然闪亮。

请同学们根据该车故障现象和本节所讲内容，对该车安全带警告灯亮的故障进行诊断维修，并填写诊断维修记录表（见附录）。

4.2.3 中控门锁控制系统的故障诊断

现代汽车一般都装备有中控门锁控制系统。当开启（或锁住）驾驶人侧车门时，其他几个车门及行李舱门都能同时开启（或锁住）。同时，乘员仍能用车门的机械锁来开关车门。配备有速度控制功能的中控门锁，在汽车行驶速度达到一定数值后（如 15km/h），中控门锁能自动闭锁，同时中控门锁按键上的锁止指示灯点亮。

1. 故障现象

1）操作中控门锁开关时，所有门锁均不动作。

2）操作中控门锁开关时，个别车门不动作。

3）装备有速度控制功能的车辆，速度控制失灵，当达到规定车速后，不能自动闭锁。

2. 故障原因分析

1）对于所有门锁均不动作的故障，一般由电源电路故障引起。

2）个别车门不能动作，可能是相应车门门锁的连接线路断路、门锁电动机（或电磁铁式

执行器）损坏、门锁连杆操纵机构损坏等。

3）速度控制失灵，一般是速度控制电路连接、车速传感器或电控单元等存在故障。

3. 故障诊断方法与步骤

1）对于所有门锁均不动作的故障。

① 首先检查熔丝是否熔断，若熔丝熔断，则更换。若更换后又立即熔断，则说明电源与门锁执行器之间的线路有搭铁或短路故障，用万用表查找出搭铁位置，排除故障。

② 若熔丝良好，则检查线路插接器是否松动、搭铁是否可靠和连接线路是否断路，可在门锁控制开关电源接线柱、定时器或门锁继电器电源接线柱上测量该处的电压，判断输入电动门锁的电源电路是否良好。

2）个别车门不能动作。

① 首先检查相应车门门锁的连接线路是否存在断路现象。

② 检查门锁电动机或门锁连杆操纵机构等是否损坏。

3）速度控制失灵。

① 首先检查速度控制电路中各插接器是否松脱、搭铁是否可靠和电源线路是否存在故障等，若存在故障，则按相应故障进行排除。

② 若线路正常，则检查车速传感器是否工作正常。可用试验法或替代法判断，更换新的车速传感器，若故障排除，则说明故障在车速传感器。

③ 若更换车速传感器后，故障仍然存在，则检查速度控制电路中其他元器件是否存在故障。

4. 注意事项

1）工作前准备应到位（工具应准备齐全、安全防护措施和防火措施应完善等）。

2）无论中控门锁控制系统出现何种故障，都应先通过检查，将故障存在的部位缩小到一定范围，然后再拆卸车门内饰板，检查门锁机构。

3）如果中控门锁控制系统存在故障，不能多次带故障进行试验，避免损坏其他部件。

5. 案例描述

某4S店接到一辆中控门锁出现故障的汽车，根据客户描述，该车用遥控钥匙锁车时，中控门锁突然失效。按下遥控器的闭锁按钮，驾驶人侧门锁不动作，而其他三个车门闭锁后又自动打开。维修技师该如何对该车进行故障诊断呢？

请同学们根据该车故障现象和本节所讲内容，对该车中控门锁的故障进行诊断维修，并填写诊断记录表（见附录）。

4.2.4 防盗系统的故障诊断

现在汽车广泛采用电子式防盗装置，主要由传感器（监测是否发生非法进入车辆或非法搬运车辆的状况）、防盗电控单元和执行机构（报警装置及使车辆失去运动能力的系统）等三大部分组成。

1. 故障现象

1）在规定范围内，汽车防盗报警遥控器不起作用，按遥控器各功能键时，遥控器的红色指示灯不亮。

2）遥控范围越来越小，发射信号时，遥控器指示灯变暗或闪烁。

3）车辆行驶30～40s自动熄火并进入报警状态，解除防盗功能后，行驶中反复出现上述情况。

4）汽车防盗系统工作正常，起动系统正常，但车辆不能起动。

5）车辆进入防盗状态后，立即触发报警，解除后再次进入防盗状态，仍然触发报警。

6）报警触发时，报警喇叭不响。

2. 故障原因分析与排除

1）遥控器不起作用，一般是遥控器本身出现故障。

① 电池电量耗尽，更换电池即可。

② 正负极簧片生锈或接触不良。

③ 遥控器进水，可将电路板取出，用工业酒精清洗后，用吹风机吹干或自然晾干即可。

2）遥控范围越来越小，一般是电池电量不足，更换电池即可。

3）车辆行驶30～40s自动熄火并进入报警状态，原因是在车内操纵遥控器，引起二次自动防盗，只要按解除防盗按键后，重新开关一次车门即可。

4）汽车防盗系统工作正常，起动系统正常，但车辆不能起动。此现象一般是由报警器或汽车本身电器故障引起。

判断方法：将汽车防盗器系统切断点火继电器（12V/30A，一般安装在汽车钥匙门附近）的两条粗线短接，若此时车辆能起动，说明防盗系统有故障，且多为继电器损坏。若短接切断点火继电器的两条粗线后，车辆仍无法起动，则说明汽车本身电路有故障。此外，车辆在行驶过程中遇到颠簸路段时，很容易熄火或瞬时熄火，应特别注意该切断点火继电器常闭触点有无接触不良、接线松动的情况。

5）车辆进入防盗状态后，立即触发报警。故障原因有：

① 车钥匙未拔下，并且处于"ON"档位置。此种现象属于操作不当，取下钥匙即可。

② 相关传感器灵敏度过高或损坏，可调整传感器灵敏度或更换传感器。

③ 车门、发动机舱盖或行李舱盖开关损坏。检查各车门开关，若存在故障则进行排除。

6）报警触发时，报警喇叭不响。原因一般是报警喇叭搭铁负极接触不良或喇叭损坏所致。将喇叭引线的黑线接蓄电池负极，红线接蓄电池正极，如果喇叭不响，即说明报警喇叭损坏，更换喇叭即可。

3. 注意事项

1）工作前准备应到位（工具应准备齐全、安全防护措施和防火措施应完善等）。

2）注意不要自己调整或更换遥控器的元件，以免造成更大的损失。

3）遥控器受体积限制，功能按键一般不超过四个，这样每个按键常被赋予几项功能，在某种状态下同一功能键所控制的功能不一样，或某项功能由多个按键配合完成，使用时应特别注意。

4. 案例描述

王先生有一辆装备防盗系统的汽车，行驶里程约10万km。最近王先生发现该车遥控钥匙越来越不好用，之前王先生离车很远的就能操作遥控器解除车辆防盗系统，现在有效范围越来越小，甚至非得走到车门前才能有效操作。

请同学们根据该车故障现象和本节所讲内容，对该车防盗系统的故障进行诊断维修，并填写诊断记录表（见附录）。

案例 11　引领标准，引领中国装备可持续发展

"中国获得装备标准制定权。专家：没有理由丢掉自信，捡起自卑。"大家都知道，现在世界装备标准大都是由西方国家制定的，中国装备在快速发展的过程中有时不得不遵循西方的标准。跟随西方标准的过程让我们走得很艰难，并且我们为此付出了很大代价。如今，中国在好多装备领域引领标准，西方国家就开始多次抱怨中国不再遵从西方精心打造的装备标准。

量子通信标准、大型龙门吊标准、大型振动台标准、大型船坞标准……中国正在不断制定属于自己的标准。大量标准制定者换成了中国，这也就意味着将来在装备科技领域，中国将成为标准的引领者，并且将因为这些标准的引领让中国装备科技更快地走向复兴，让中国经济在可持续发展的道路上走得更远！

中国制造业是有信心、有能力制定并引领制造业标准的，中国获得装备标准制定权，就是最有说服力的例子。因此我们要有信心，在将来引领标准、引领中国装备业可持续发展中大展才华、有所作为。中国在大型过程装备领域正努力拼出属于自己的标准，让我们看到了希望，感受到了力量。这是我们引以自豪的事情。大家务必明白，有了标准的话语权、优先权、决定权，才有了可持续发展的希望！我们大学生，未来的中国机械工程师，应该心怀壮志雄心，为中国未来制造做好准备、奉献自己的力量。通过案例的学习，让学生明白我们没理由要丢掉自信！将来，我们应为中国机械工业的可持续发展持续努力拼搏！

4.3　ESP 的故障诊断

电子控制稳定系统（ESP）是在 ABS/ASR 的基础上发展起来的，大部分元件与 ABS/ASR 共用，也是由传感器、电控单元及执行器三部分组成的。其主要作用是当汽车在湿滑的路面上行驶时其前轮或后轮发生侧滑时，自动调节各车轮的驱动力和制动力，确保车辆稳定行驶，是保障汽车安全行驶的电子控制系统。

微课视频
ESP 系统的故障诊断

当汽车 ESP 出现故障时，仪表板上的 ESP 故障指示灯会长亮，以提示车主需要进行检修。

4.3.1　ESP 的故障分析

汽车电子稳定系统主要由传感器（轮速传感器、减速度传感器、横摆率传感器、转向角度传感器、制动液压传感器和节气门位置传感器等）、电控单元、执行器及警示装置组成。当汽车的自检测系统检测到这些电子元器件或者连接线束出现故障时，仪表板上的 ESP 故障指示灯会点亮，提示驾驶人进行检修。

1. 故障现象

1）汽车起动时，自检结束后，ESP 故障指示灯仍长亮。

2）汽车行驶过程中，ESP 故障指示灯点亮。

2. 故障原因分析

1）ESP 相关传感器故障。
2）ESP 电控单元故障。
3）ESP 连接线束断路或短路。
4）ESP 连接插接器虚接。
5）ESP 相关执行器故障。
6）ESP 控制开关故障。
7）相关熔丝熔断或烧蚀。

3. 故障诊断方法与步骤

1）目视检查。最初的目视检查可以发现比较明显的故障，能够节省时间，提高维修效率。目视检查的项目有：检查 ESP 管路有无破损；检查制动器有无拖滞现象；检查所有与 ESP 相关的继电器、熔丝是否完好，接插器是否牢固。蓄电池电压是否在规定范围内。

2）通过故障检测仪或解码器连接汽车诊断插座，读取 ESP 相关故障码、数据流，通过故障码提示判断 ESP 故障范围。如果提示故障码，根据故障码信息检查 ESP 传感器、控制单元和执行器等是否存在故障，检查各线路插接器是否有损坏。

3）检查 ESP 各个传感器有无故障。

① 检查 ESP 轮速传感器。

a. 检查轮速传感器传感磁头与齿圈之间的间隙，如图 4-19 所示。前轮速传感器应为 1.10～1.97mm，后轮速传感器应为 0.42～0.80mm。

b. 将车辆升起，使车轮离地，拆卸轮速传感器线束插接器，用万用表测量电源线与搭铁线端口电压，应为 12V 左右的蓄电池电压。然后以 60r/min 的转速转动车轮，用万用表测量信号线输出电压：前轮应为 190～1140mV，后轮应高于 650mV。

c. 检测轮速传感器的电阻，使用万用表电阻 2K 档进行测量，对于磁电式传感器，测量

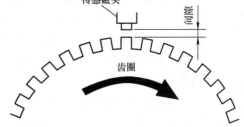

图 4-19　传感磁头与齿圈间隙

的阻值应为 1.2～1.8kΩ；对于霍尔式轮速传感器，测量的电阻为无穷大，使用二极管通断档检测时，应有 0.3～0.7V 的电压降。

d. 检测轮速传感器的脉冲信号，可以通过示波器进行检测，示波器红色探头连接轮速传感器的信号线，黑色探头连接车身搭铁，转动信号盘，正常可以看到 0.5～1.5V 的方波信号波形。

e. 使用故障诊断仪读取轮速传感器数据流，车上共有四个轮速传感器，通过路试的观察并对比四个轮速传感器的数据有无异常。

② 检查横摆率传感器。

a. 检查横摆率传感器和电控单元之间的线束、插头有无断路或短路。

b. 将故障诊断仪连接诊断插座，查看横摆率传感器数据流，将横摆率传感器与地面垂直放置并绕其中央轴线转动，检查诊断仪显示的横摆率传感器的横摆率值的变化情况。

c. 使用万用表检测横摆率传感器的端子 1 和 3、3 和 4 之间的电压，端子 1（YAW）和 3

（GYAW）电压为 2.42~2.58V；端子 3（GYAW）和 4（YD）电压为 4.5~5.3V。

③ 检查加速度传感器和电控单元之间的线束、插头有无断路或短路。将故障诊断仪连接诊断插座，当车辆倾斜时，检查诊断仪显示的加速度传感器的加速度值是否发生变化。

④ 检查转向角传感器和电控单元之间的线束、插头有无断路或短路。将故障诊断仪连接诊断插座，当转动转向盘时，检查诊断仪显示的转向角位置传感器的转向盘转向角值是否发生变化。

4）检查 ESP 开关。如图 4-20 所示，使用万用表测量 ESP 开关端子之间的电阻。ESP 开关处于常态位置时，端子 3、4 之间阻值很小，端子 3、5 之间阻值无穷大。当按下 ESP 开关时，端子 3、4 之间阻值无穷大，端子 3、5 之间阻值很小，端子 2、6 为阻值很小的照明灯电阻。

5）拆下转向盘衬垫（带安全气囊）进行下述项目的目视检查。

① 检查转向盘衬垫上的表面凹槽部分是否有刻痕、裂纹或明显的污渍。

② 检查插接器和配线是否有切痕、裂纹或碎片。

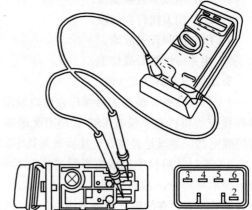

图 4-20　万用表测量 ESP 开关端子

③ 检查转向盘扬声器按钮接触板是否变形。

6）检查转向柱、转向盘是否松动、受损或变形。

7）检查保险杠、车身覆盖件和车身骨架等是否裂损、变形。

8）进行液压控制单元电磁阀测试、液压回路测试。

9）进行 ESP 排气测试，不同车系使用的检测工具及操作方式各不相同，以通用汽车 Tech 2 诊断检测仪为进行说明。

① 连接 Tech 2 诊断检测仪，起动发动机并怠速运行。

② 执行"Tech 2 诊断检测仪，制动器排气程序"中所列的指示，在执行该程序期间，确保制动储液罐内的制动液液面不低于最低液位。

③ 关闭点火开关，并从插接器 DLC 上断开 Tech 2 诊断检测仪。

④ 用规定的制动液加注制动储液罐至最高液位。

⑤ 关闭点火开关，踩下制动踏板 3~5 次，以耗尽制动助力器的真空储备压力。

⑥ 缓慢踩下制动踏板，如果感觉制动踏板绵软，重复 ESP 制动器排气操作，如果仍感觉制动踏板绵软，则需要检查制动系统是否存在泄漏故障。

⑦ 在发动机熄火状态下，不使用驻车制动器，接通点火开关后，如果制动器故障指示灯仍长亮，则需要检查 ESP 制动系统电路故障。

4. 注意事项

1）工作前准备应到位（工具应准备齐全、安全防护措施和防火措施应完善等）。

2）维修时需要注意轮胎是否为同规格产品。对于不同类型轮胎，当周长偏差为 5% 的车轮，ESP 控制单元能够自动校正偏差。当周长偏差大于 5% 时，系统转为降级模式，ESP 功能会自动关闭，保留 ABS 功能。

3）对于 ESP 中的传感器、执行器、控制单元存在故障时，如果进行过汽车配件的调整或更换，需要重新标定。例如对于汽车转向盘角度传感器，如果调节前束、更换 ESP 控制单元、更换转向盘角度传感器、维修转向柱或转向柱支架等操作，需要重新对转向盘角度传感器进行标定。

4）检修结束后需要通过故障诊断仪清除故障码，禁止使用切断蓄电池的方法删除故障码。在关闭点火开关后需要等待一定时间，等网络休眠后再切断电源，否则容易造成车辆上各电器元件的损坏。

5）电控单元对过电压、静电非常敏感。因此，点火开关接通时，不要插或拔电控单元上的插接器；在车上进行电焊之前，要戴好防静电器，拔下电控单元上的插接器后再进行电焊；给蓄电池进行专门充电时，要将蓄电池从车上拆下或摘下蓄电池电缆后再进行充电。

6）检修车轮速度传感器需要谨慎操作，拆卸时注意不要碰伤传感器头，不要撬传感器齿圈，以免损坏。安装时应先涂覆防锈油，安装过程中不可敲击或用力过大。一般情况下，传感器气隙是可调的，调整时应使用非磁性塞尺。

7）制动液要至少每隔两年换一次，防止制动液吸收了水分对制动系统元器件产生腐蚀作用。

8）维修液压控制装置时，切记首先要进行泄压，然后再按规定进行修理。例如制动主缸和液压调节器设计在一起的整体 ABS/ASR/ESP，其蓄压器存储了高达 18000kPa 的压力，维修前要先将蓄压器的制动液排空，以免高压油喷出伤人。

5. 案例描述

某一汽大众汽车维修站接收到一辆手动档大众速腾 2.0L 轿车，行驶里程将近 10 万 km。根据车主反映，在行驶过程中出现仪表板 ESP 故障警告灯长亮的现象。试车验证故障现象，发现确实存在上述故障。

请同学们根据该车故障现象和本节所讲内容，对该车 ESP 故障警告灯亮的故障进行诊断维修，并填写诊断记录表（见附录）。

4.3.2 ESP 故障维修案例

汽车 ESP 出现故障时，仪表板上相应的故障指示灯会亮起，提示车主进行立即维修，保障行驶安全，在进行检修时，需要借助故障诊断仪读取故障码，以判断故障原因的大致区域。需要注意的是，故障码提示信息并不一定是故障发生的根本原因，只是表征现象，在进行诊断维修时，一定要结合车型信息，查阅维修手册，在理清 ESP 运作原理的基础上进行检修。

1. 奥迪 A6L 仪表 ABS、ESP 故障灯长亮检修

1）案例资料。

一辆奥迪 A6L 轿车，车主反映在市区拥堵的道路行驶过程中，频繁地踩制动踏板后，ABS、ESP 故障指示灯会亮起报警，如图 4-21 所示。

2）询问车主故障信息。

① 向车主了解故障出现的时间，出现故障前后的症状，得知故障现象为一个月之前发生。

② 向车主了解车辆行驶里程，车辆是否按时保养，得知该车的行驶里程为 5 万多 km。

③ 向车主了解故障发生前后有无进行其他维修，执行过什么操作，得知车主曾在之前出现该故障时进行过一次维修，更换过制动压力传感器 G201，未解决故障后又换过 ABS 泵和制动

灯开关。

3）故障诊断维修。

① 使用 VAS 系列诊断仪连接诊断插座，读取 ABS、ESP 制动系统相关故障码，检测到制动压力传感器 G201 存在故障码，如图 4-22 所示。

图 4-21　奥迪 A6L 仪表 ESP 故障指示灯报警

图 4-22　制动压力传感器故障码

② 根据故障码提示信息进行分析，制动压力传感器存在间发故障，另外，该车上次维修时曾更换过新的制动压力传感器，根据维修经验，制动压力传感器及其连接的控制单元一般情况下不容易损坏，发生故障多数是线路的问题。按照这个思路，找到制动压力传感器的安装位置，如图 4-23 所示，制动压力传感器安装在制动压力调节器总成底部黑色壳体内。

③ 将制动压力调节器拆解下来后，打开底部的线路板，注意不要损坏里面的线路连接，查阅维修手册，如图 4-24 所示，找到压力传感器在控制单元电路板上的连接线。

图 4-23　制动压力传感器的安装位置

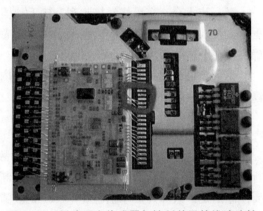
图 4-24　制动压力传感器与控制单元的线路连接

④ 仔细观察，发现制动压力传感器在电路板上的焊接银丝有些松动，因此猜测故障的原因可能是：汽车在制动时，制动压力传感器在电路板上的焊接银丝发生偏移，导致传感器无法与控制单元正常通信。

⑤ 维修时，将原先松动的银丝拆掉，使用导线重新焊接，操作时由于空间比较狭小，需要谨慎焊接，不能损坏其他线路连接。

⑥ 修复完成后，将控制单元电路板安装到制动压力调节器总成上，涂抹一圈密封胶进行密封。

⑦ 等待密封胶风干后，将制动压力调节器总成装回原车，最后进行试车，汽车上电自检结束后，故障指示灯能够自动熄灭，使用 VAS 系统诊断仪清除原先的故障码，进行路试一小时左

右,踩下制动踏板后,ABS、ESP故障指示灯均未出现,故障彻底解决。

4)记录总结。

请同学们根据该车故障现象和本节所讲内容,对该车制动压力传感器导线接触不良故障进行诊断维修,并填写诊断记录表(见附录)。

2. 现代 ix35 仪表 ABS、ESP 故障指示灯长亮检修

1)案例资料。

一辆现代 ix35 轿车,车主反映在正常行驶过程中如果紧急制动,有时候 ABS、ESP、驻车制动和下坡辅助灯点亮(图 4-25),并且感觉到车轮打滑,下车后发现路面有拖痕,这种情况在紧急制动后时不时出现,但是将车辆熄火并重新起动后,仪表板上指示灯又能恢复正常状态。

2)询问车主故障信息。

①向车主了解故障出现的时间,出现故障前后的症状。

②向车主了解车辆行驶里程,车辆是否按时保养。

③向车主了解故障发生前后有无进行其他维修,执行过什么操作。

3)故障诊断维修。

①使用故障诊断仪连接诊断插座,对该车 ESP 控制单元进行检测,如图 4-26 所示,显示故障诊断仪无法和 ESP 控制单元进行通信,其他控制单元可以正常访问。

图 4-25 仪表 ABS、ESP、驻车制动、下坡辅助灯点亮　　图 4-26 诊断仪无法与 ESP 控制单元通信

②根据诊断仪无法与 ESP 控制单元通信进行分析,出现这一结果的原因有:ESP 控制单元的供电线路有故障;ESP 控制单元的搭铁存在故障;ESP 控制单元与诊断插座的通信线路存在故障。

③检查 ESP 控制单元的插接器端口,发现安全牢靠,无松动,检查线路,未发现破损。之后拔下 ESP 控制单元的连接插头,使用万用表测量 ESP 控制单元插头的供电 1 号端子、25 号端子、29 号端子、9 号端子,电压均为 12V 左右的蓄电池电压,然后测量搭铁端子 13 号端子和 38 号端子到车身搭铁电阻为 0.8Ω 左右,数值正常。

④检查诊断端口插头 M10 的 3 号端子到 ESP 控制单元的 26 号端子之间线路电阻为 0.5Ω,同时测量该线对正极和搭铁都不短路。同样的方法测量诊断插头 M10 的 11 号端子和 ESP 控制单元的 14 号端子,数值正常。此时,电源、搭铁、线路经过测量均正常。

⑤根据维修经验,控制单元自身硬件故障的发生概率较小,且更换控制单元的操作比较烦琐,需要重新对参数进行设定,结合故障本身具备偶发性因素,决定先进行试车检测。当车速

达到 50km/h 以上时，踩下制动踏板，触发 ABS、ESP 制动功能。当第三次试验时，出现了车主所说的故障现象。

⑥ 故障出现后，重复步骤③的检测过程，此时检测到 ESP 控制单元插接器搭铁端子 13 号端子和 38 号端子到车身搭铁电阻变成了 32.3Ω，数值不正常，第一次测量没有问题，急制动后阻值异常，说明这两个端子与车身搭铁之间存在接触不良的故障，当急制动后，由于车身的振动导致线束搭铁端子与固定螺栓之间的连接不牢靠。

⑦ 查阅电路图，发现 3 号端子和 38 号端子共用一个搭铁点，到这里，故障原因基本上已经确定了，在实车上找到这个共用搭铁点（图 4-27），发现固定螺栓确实存在松动现象，将其紧固后，重新试车，没有发现问题，故障解决。

4）记录总结。

请同学们根据该车故障现象和本节所讲内容，对该车 ESP 控制单元导线接触不良故障进行诊断维修，并填写诊断记录表（见附录）。

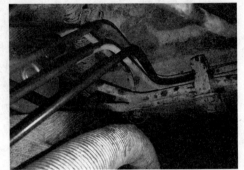

图 4-27 ESP 控制单元插座 3 号端子、38 号端子连接线束搭铁点

课程育人

案例 12　珍爱生命：安全与舒适相冲突时的选择问题

1998 年 6 月 3 日，一列德国 ICE 列车由慕尼黑开往汉堡，在运行至汉诺威东北方向附近的小镇艾雪德时，发生了第二次世界大战后德国最为惨重的列车脱轨行车事故。这列高铁以 200km/h 的速度冲出轨道，并撞向桥梁。在该起重大脱轨事故中，列车被撞毁。事故造成车厢脱轨，铁路跨线桥坍塌，多名乘客遇难。可以说，这是高速铁路史上最严重的一次事故。

事故过程还原：在该列车运行至距公路跨线桥约 6km 时，一节车厢的一个轮子的钢圈断裂，但列车继续以 200km/h 的速度运行，剧烈的摩擦发出刺耳的声音。接着，已断裂的钢圈勾住了艾雪德车站的一组道岔改变了方向，突然猛烈地甩向右侧，第三节车厢尾部与桥墩猛烈冲撞，使跨线桥部分坍塌。

德国高铁因乘坐的舒适性要求，将单壳轮毂改为双壳轮毂，双壳轮毂之间加入橡胶，减少了振动，提高了乘坐的舒适性、平稳性，但也留下了隐患——外层的轮毂易产生金属疲劳。

事故发生后德国有关方面做了如下善后工作：

1）安全应当摆在第一位。事故发生后第二天，德国铁路相关部门降低了全线高速列车的时速，并全面检查安全性，随后按照联邦铁路局的要求，停运所有同型号列车，对其进行超声波安全检测，并将所有同型号列车上所有攥着钢条的双毂钢轮换成由整块钢材切割而成的单毂钢轮。

因为德国联邦铁路局要求进行全面安全监测，所以多辆列车被取消，多条线路被缩短，直至事故发生后一个多月才基本恢复德国国内铁路运营。

2）事故发生后关于高铁建设、设计、运行检查制度的变革。由于在该起事故中列车撞上桥梁，导致人员伤亡惨重，所以德国铁路相关部门规定未来新建的铁路要避开隧道和桥梁等设施。

另外，在新方案中，德国铁路相关部门规定，要定期对列车进行超声波安全检查，而且至少要有两名工作人员共同检查。

此后，德国铁路相关部门对于安全隐患问题更加慎重。现在，负责监管的德国联邦铁路局要求所有行程超过 3 万 km 的车轮每周都要接受检查。

但是，在 1998 年发生的铁路事故营救过程中，因为车窗难以被打破而对营救工作造成了极大的困难。于是，在事故发生几个月后，德铁在 ICE 列车的每一节车厢中都设置了逃生玻璃车窗，而这种车窗之前只能在大型车厢里见到。

另外，剩下的车体虽然受损，但并没有被当作废铁一般丢弃。在事发后的调查中，这些受损车体供调查结构研究、取证。在相关调查人员眼中，它们是最宝贵的"教材"。

3）事故后的人文关怀。在事发地，人们种下了樱桃树。据艾雪德事故纪念官方网站的介绍，这些樱桃树代表着在该起事故中逝去的生命。

2001 年，当地政府在事故现场竖起一块长 8m、高 2.1m 的纪念碑，上面刻着遇难者的名字、出生年月和家乡，还有对事故的介绍。

中国高铁是如何解决安全与舒适这两者之间的矛盾的呢？如果我们遇到类似问题应当怎么做才能更好地体现我们制度的优越性、我们的"以人为本"的理念呢？

任何设计在任何时候都必须把安全性摆在第一位，因为安全关系的是人的生命，而生命是第一位的。要关爱生命、珍惜生命，从自身、从现在做起，要落实在行动上。

4.4 汽车舒适性系统的故障诊断

为了满足汽车舒适性和操纵方便性的要求，大多数中高档汽车都配备了电动车窗、电动后视镜和电动座椅等装置。随着各种电子装备的增加，在给驾乘人员提供更多方便的同时，也带来了更多的故障类型。

4.4.1 电动车窗的故障诊断

电动车窗装置主要由车窗、玻璃升降器、电动机、继电器和升降控制开关等组成。利用开关控制电动机的电流方向，实现车窗的升降功能。为了防止电路过载，电路或电动机内装有热敏断路开关，用以控制电流，当车窗完全关闭或不能移动时，即使操纵开关没有断开，热敏开关也会自动断路。

电动车窗常见的故障有：所有车窗不能正常升降、个别车窗不能正常升降和某个车窗只能向一个方向运动。

微课视频
电动车窗的
故障诊断

另外在驾驶人侧的主开关上有车窗锁止按钮，可以锁止其他位置的电动车窗操作。防止小孩频繁操作车窗开关，造成电动车窗系统的损坏或给乘客造成安全隐患。所以当操作其他位置的开关，而电动车窗不工作时，应先检查主开关上的车窗锁止功能是否打开。如图 4-28 所示。

图 4-28　玻璃锁止开关

1. 所有车窗不能正常升降

1）故障现象。

控制主控开关或分控开关，车窗玻璃都不能正常升降。

2）故障原因分析。

① 总电源线脱落或总熔丝熔断。

② 继电器线圈或触点损坏。

③ 相关开关不能工作或搭铁不良。

3）故障诊断的方法与步骤。

① 首先检查发动机舱内熔丝盒中熔丝是否熔断。若未熔断，将点火开关置于 ON 位，用万用表检测继电器与点火开关相连的接线处是否有 12V 电压。若电压为零，则说明电源线路存在故障。若电压为 12V，则检查搭铁线是否正常。若搭铁线电压为零，则说明搭铁正常。

② 检查继电器线圈和触点是否损坏。用万用表测量继电器 85、86 号端子的电阻，阻值应为几十欧，若阻值为零，说明继电器线圈断路。再给继电器 85、86 号端子加 12V 电压，用万用表测量继电器 30、87 号端子的电阻。若阻值接近于零，则说明继电器触点能正常闭合。若阻值为无穷大，说明触点出现故障，需更换继电器。

③ 检查相关开关能否正常接通或断开，检查相关开关的搭铁是否可靠连接。

2. 个别车窗不能正常升降

1）故障现象。

某个车门玻璃不能正常升降。

2）故障原因分析。

① 该车窗的控制开关不能工作或搭铁不良。

② 该车窗电动机故障。

③ 该车窗线路存在故障现象。

3）故障诊断的方法与步骤。

① 首先分别操纵该车窗的主控开关和分控开关，观察车窗能否正常工作。若操纵主控开关能正常工作，则说明分控开关存在故障。若操纵分控开关存在故障，则说明主控开关存在故障。若操纵主控开关和分控开关，车窗都不能正常工作，则检查车窗电动机能否正常工作。

② 拆下该车窗的电动机，进行通电试验，观察能否正常运转，若运转不正常，则更换电动机。若电动机工作正常，则说明该车窗线路存在故障，应排查。

3. 某个车窗只能向一个方向运动

1）故障现象。

某个车门玻璃只能上升或只能下降。

2）故障原因分析。

① 该车窗的控制开关接触不良。
② 该车窗玻璃升降器故障。
3）故障诊断的方法与步骤。
① 首先通过主控开关控制车窗升降，若主控开关工作正常，则说明分控开关触点存在故障。若操纵分控开关工作正常，则说明主控开关触点存在故障。若主控开关和分控开关控制车窗升降时车窗都只能向一个方向运动，则说明玻璃升降器故障。
② 拆下该车窗的玻璃升降器，查看玻璃升降器是否存在故障。

4. 注意事项

1）工作前准备应到位（工具应准备齐全、安全防护措施和防火措施应完善等）。
2）如果发现车窗玻璃存在故障，不能多次带故障进行试验，避免损坏其他部件。
3）在检修电动车窗故障前，应在不同方向轻轻摇动车窗玻璃，检查车窗玻璃是否移动阻力过大。如果各个方向均能稍微移动，则表明车窗玻璃没有卡住，能正常升降，有利于进一步的检查。

5. 案例描述

赵先生有一辆丰田卡罗拉 1.6L 轿车，行驶里程约 9 万 km。某天行车过程中，赵先生突然发现该车右后门车窗玻璃无论是操纵主控开关还是分控开关，均不能正常升降，而其他车窗玻璃能正常工作。你能帮助赵先生检测出故障的原因吗？

请同学们根据该车故障现象和本节所讲内容，对该车右后车窗不能正常升降的故障进行诊断维修，并填写诊断记录表（见附录）。

4.4.2 电动后视镜的故障诊断

电动后视镜主要由镜片、驱动电动机、壳体及操纵开关等组成。每个电动后视镜的背后安装有两个可逆电动机和驱动机构，可控制后视镜上下及左右转动。另外电动后视镜还有记忆存储、加热除霜和自动折叠等功能。

电动后视镜的调节方法：当点火开关置于 ON 位时，旋转控制开关，选择所需要调整的后视镜。控制开关面板上 L 表示左侧后视镜，R 表示右侧后视镜，中间位置则是停止操作，如图 4-29 所示。选择好需要调整的后视镜后，只要上、下、左、右操作开关，即可调整后视镜镜片的空间角度。调整工作完毕后，将开关置于中间位置，以防止误碰。

图 4-29 电动后视镜调整开关

1. 故障现象

1）两个电动后视镜都不能调节或某个后视镜不能调节，另一个工作正常。
2）某一侧电动后视镜不能上下或左右调节。

2. 故障原因分析

1）两个电动后视镜都不能调节的故障，原因可能是熔丝熔断、插接器松脱或线路故障、控制开关故障。

2）某个后视镜不能调节的故障，原因可能是该后视镜线束接插器松脱或线路断路、该后视镜电动机故障或传动机构损坏、开关故障等。

3）某一侧电动后视镜不能上下或左右调节，原因可能是控制开关损坏、后视镜上下或左右电动机故障、线束或插接器故障。

3. 故障诊断方法与步骤

1）首先应检查与故障相关线路的通断，然后再检查电动机的工作情况和传动机构是否磨损或损坏等。

2）检查电动后视镜电动机是否存在故障。以左侧后视镜上下调节电动机为例，检查方法：

① 关闭点火开关，拆下左前车门内饰板。

② 断开左后视镜线束插接器。

③ 用蓄电池直接向左侧后视镜上下调节电动机通电，检查该电动机转动情况。若不符合要求，则更换电动机。若电动机转动正常，则检查调节开关。

3）检查控制开关。

① 断开电动后视镜开关插接器，拆下控制开关。

② 检查电动后视镜开关端子间的导通情况。若相应端子不导通，则说明电动后视镜开关损坏，应更换。

4. 注意事项

1）工作前准备应到位（工具应准备齐全、安全防护措施和防火措施应完善等）。

2）如果发现电动后视镜存在故障，不能多次带故障进行试验，避免损坏其他部件。

5. 案例描述

李先生有一辆装备有电动后视镜调节功能的大众 Polo 轿车，行驶里程约 6 万 km。某天行车前，李先生发现该车左、右两侧的后视镜电动调节功能都不能正常工作。更换新的熔丝后，故障依然存在。

请同学们根据该车故障现象和本节所讲内容，对该车电动后视镜的故障进行诊断维修，并填写诊断记录表（见附录）。

4.4.3 电动座椅的故障诊断

汽车电动座椅是以电动机为动力，通过传动装置和执行机构来调节座椅的各种位置，使驾驶人或乘员乘坐舒适的座椅。其主要功能是为驾驶人提供便于操作、舒适、安全的驾驶位置。

一般情况下，电动座椅很少出现故障。除非在使用过程中频繁地调节，使座椅轨道或电动机出现问题，常见的座椅故障可分为机械故障和电控故障：

1）电动座椅卡滞或卡死等机械故障。原因大多是座椅调节连杆氧化或润滑不良。

2）座椅在使用过程中，偶尔出现移动不到位等机械故障。原因大多是座椅调节连杆或滑轨堵塞、润滑不良导致发卡而移动不到位。

3）座椅突然失灵，无法正常工作。原因一般是线路问题，先检查熔丝是否熔断，若熔丝良好。则检查线路连接是否正常，最后检查开关是否正常。对于有存储功能的电动座椅，还应检查控制单元 ECU 的电源电路和搭铁是否正常。

1. 故障现象

1）电动座椅完全不能工作。

2）电动座椅某个方向不能工作。

2. 故障原因分析

1）对于座椅完全不能工作，原因可能是：熔丝熔断、继电器故障、连接线路故障和座椅开关故障。

2）对于某个方向不能工作，原因可能是：该方向对应的电动机损坏，开关、连接线路故障。

3. 故障诊断方法与步骤

1）对于座椅完全不能工作。首先应检查熔丝和继电器是否正常，若熔丝和继电器工作状态良好，则检查线路连接是否正常，最后检查开关是否存在故障。如图4-30所示。

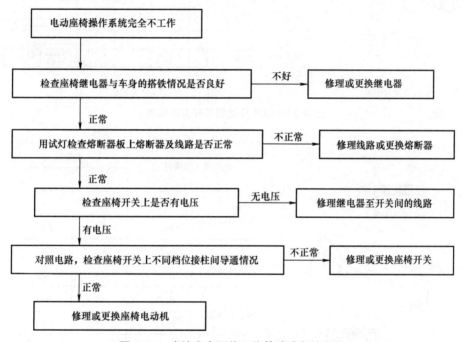

图4-30 座椅完全不能工作故障诊断流程图

2）对于某个方向不能工作。先检查线路是否正常（直接检测电动机通电情况），再检查座椅调节开关和电动机。

① 调节开关的检测。

a. 拔出调节开关按钮，拆下调节开关面罩。

b. 拆开调节开关的两个6芯插头，如图4-31a所示。

c. 当调节开关处于各个调节位置时，按图4-31b所示检查通电情况，若不符合，则更换调节开关。

② 调节电动机的检测。

a. 拆下驾驶人座椅轨道端盖，拆下驾驶人座椅的固定螺栓。

b. 拆开座椅线束插接器和线束夹，拆下驾驶人座椅。

c. 拆开调节开关的两个6芯插头，如图4-32a所示。

d. 将两个6芯插头的某两个端子分别接蓄电池正、负极。按图4-32b所示检查各调节电动

机的工作情况。注意：当电动机停止运转时，应立即断开端子与蓄电池的连接。

e. 如果某个调节电动机不运转或运转不平稳，则应检查6芯插头与该调节电动机的2芯插头之间的线束是否存在断路或虚接故障。若线路正常，则更换调节电动机。

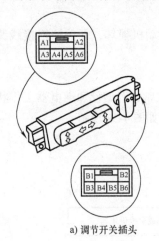

开关位置	端子	A1	A2	A3	A4	A5	A6	B1	B2	B3	B4	B5	B6
前端上下调节开关	向上			○—	—	—	—	—	—	—	—	—	○
	向下				○—	—	—	—	—	—	—	○	
后端上下调节开关	向上		○—	—	—	—	○						
	向下						○—	—	—	—	—	○		
前后调节开关	向前	○—	—	—	—	○								
	向后					○—	—	—	—	—	—	—	○	
倾斜调节开关	向前									○—	○		
	向后										○—	○	

a) 调节开关插头　　　　　　　　　b) 调节开关的检测

图 4-31　自动座椅调节开关的检测

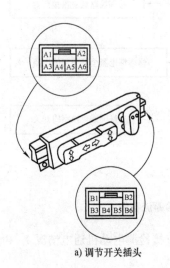

电动机工作情况		电源	
		(+)	(−)
前端上下调节电动机	向上	A3	A4
	向下	A4	A3
后端上下调节电动机	向上	A2	A6
	向下	A6	A2
前后调节电动机	向前	A5	A1
	向后	A1	A5
靠背倾斜调节电动机	向前	B3	B4
	向后	B4	B3

a) 调节开关插头　　　　　　　　　b) 调节电动的机检测

图 4-32　自动座椅调节电动机的检测

4. 注意事项

1）工作前准备应到位（工具应准备齐全、安全防护措施和防火措施应完善等）。

2）如果发现电动座椅存在故障，不能进行多次带故障试验，避免损坏其他部件。

5. 案例描述

张先生有一辆装备有电动座椅的大众迈腾轿车，行驶里程约9万km。某天行车前，张先生发现该车驾驶人座椅高度调节功能失效，其他位置调节功能可以不正常工作。

请同学们根据该车故障现象和本节所讲内容，对该车电动座椅的故障进行诊断维修，并填写诊断记录表（见附录）。

项目 5
网络通信系统故障诊断

任务描述

宋先生有一辆2004年款的帕萨特B5 1.8T轿车,由于前段时间发生碰撞事故,之后送入维修站进行维修。修复后,开车时发动机起动2s后会自动熄火,技师用诊断仪进行检测,故障码报出18056、17978、01312,技师分析如下:

1)发动机控制单元有18056和17978故障码,表明动力系统数据总线通信失败和发动机控制单元被防盗控制单元闭锁。

2)在仪表与网关控制器内存有同样的01312故障码,表示动力系统数据总线有故障或缺陷。

```
注意: 底盘类型可以在AUTOSCAN.TXT 文件中修改
单元零件号:     4B0 906 018 CQ        组件:    1.8L R4/5VT      0001
打印故障码(P)   复制故障码(C)   清空故障码(1)    返回

2 个故障找到:
18056 -  动力数据总线: 失败
         P1648-35-00-   未定义的故障类型,参考维修手册
17978 -  发动机控制单元被防盗器控制单元 闭锁
         P1570-35-00-   未定义的故障类型,参考维修手册
```

```
注意: 底盘类型可以在AUTOSCAN.TXT 文件中修改
单元零件号:     3BD 920 806 X        组件:    KOMBI+WEGFAHRSP VDO V02
打印故障码(P)   复制故障码(C)   清空故障码(1)    返回

1 故障码:
01312 -  数据总线: 动力系统
         37-00-   故障/缺陷
```

技师根据报出的故障码进行故障排查,帕萨特 B5 1.8T 轿车的防盗控制器安装在仪表总成内,若仪表控制单元与发动机控制单元因线路中断而不能通信,就会发生"发动机控制单元被防盗控制单元闭锁"的故障,发动机也不能起动运行。根据这个线索,重点检测仪表控制单元到发动机控制单元的 CAN 总线。技师通过示波器检测这段 CAN 总线,波形如下图所示。同学们,你们能根据检测的波形帮助宋先生完成发动机故障的修复吗?

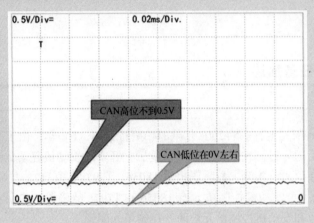

学习目标

1. 能够正确分析汽车 CAN 总线系统的故障诊断
2. 能够正确分析汽车 LIN 总线系统的故障诊断

知识与技能点清单

序号	学习目标	知识点	技能点
1	能够正确分析汽车 CAN 总线系统的故障诊断	1. CAN 总线系统的故障原因 2. CAN 总线系统的检测 3. CAN 总线系统的故障案例	能够对汽车 CAN 总线通信故障进行诊断维修
2	能够正确分析汽车 LIN 总线系统的故障诊断	1. LIN 总线系统的故障原因 2. LIN 总线系统的故障案例	能够对汽车 LIN 总线通信故障进行诊断维修

项目 5
网络通信系统故障诊断

学习信息

5.1 CAN 总线系统的故障诊断

CAN-Bus 总线是汽车内提供的一种特殊局域网,为汽车控制器之间提供数据交换。像常见的奥迪 A6、奔驰、宝马、帕萨特 B5、宝来等车型都采用了 CAN 数据总线(简称 CAN 总线)。由于中高级轿车主要引进欧洲车型,因此国内轿车大多采用 CAN 总线技术。

微课视频
CAN 总线系统故障诊断

5.1.1 CAN 总线系统的故障原因

CAN 总线系统中拥有一个 CAN 控制器、一个信息收发器、两个数据传输终端及两条数据传输总线,如图 5-1 所示。

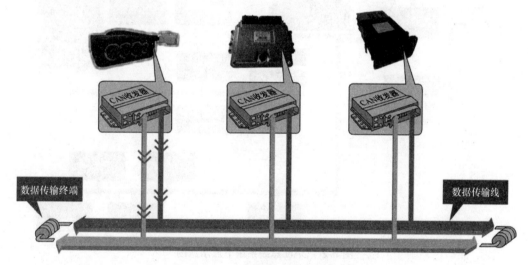

图 5-1 CAN 总线结构示意图

除了数据总线外,其他各元件都置于各控制单元的内部。CAN 总线系统产生故障的原因一般有以下三种:

1. 电源线路故障

汽车上所有的控制单元都需要一个供电电压,如果汽车电源系统提供的工作电压不正常,就会使汽车电控单元出现短暂的故障,将会引起整个汽车 CAN 总线系统出现通信不畅。汽车多路信息传输系统的核心部分是含有通信 IC 芯片的电控单元。电控单元的正常工作电压在 10.5～15.0V 的范围内。如果汽车电源系统提供的工作电压低于该值,就会造成一些对工作电压要求高的电控单元出现短暂的停止工作,从而使整个汽车多路信息传输系统出现短暂的无法通信。

2. CAN 总线链路故障

CAN 总线的数据传输线采用双绞线的结构，CAN 总线系统的数据传输线出现短路、断路或线路物理性质变化引起通信信号衰减或失真，都会导致多个电控单元工作不正常，使 CAN 总线系统无法工作。判断是否为链路故障，一般可用示波器或汽车专用光纤诊断仪来观察通信数据信号是否与标准通信数据信号相符，也可逐一抽出总线检查。

3. CAN 总线节点故障

汽车 CAN 总线系统中的电控单元被称为节点，CAN 总线系统由网关、多个节点以及数据传输线组成，如图 5-2 所示。其中节点故障就是电控单元的故障，它包括软件故障和硬件故障。软件故障即传输协议或软件程序有缺陷或冲突，使汽车 CAN 总线系统通信出现混乱或无法工作，这种故障一般会成批出现；硬件故障一般是电控单元芯片或集成电路损坏，造成汽车 CAN 总线系统无法正常工作。

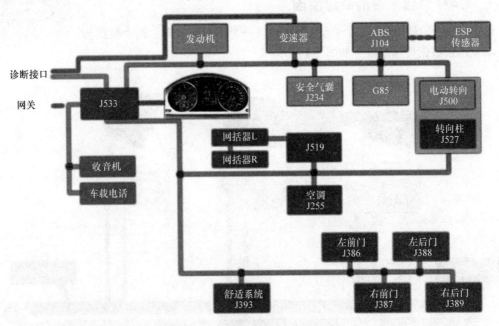

图 5-2 CAN 总线系统节点示意图

5.1.2 CAN 总线系统的检测

当 CAN 总线网络发生故障时，汽车维修人员需要深入地掌握汽车 CAN 总线技术的结构组成、工作原理、故障特点及维修排除方法。下面我们来介绍下汽车 CAN 总线的常用三种检测方法。

1. 总线终端电阻的检测

汽车控制单元内部都有封装电阻，单个阻值一般为 120Ω 左右。我们平时所说的 CAN 总线终端电阻，实际上是 CAN 通信总线连接的控制单元终端电阻并联后的总和，阻值约为 60Ω。如图 5-3 所示，舒适 CAN 总线、驱动 CAN 总线、诊断 CAN 总线、扩展 CAN 总线的终端电阻均为 60Ω 左右，其中 J519、J234、J533 等控制模块中未标注的电阻均为千欧级别，并联后对终端电阻的阻值影响可忽略不计。

项目 5
网络通信系统故障诊断

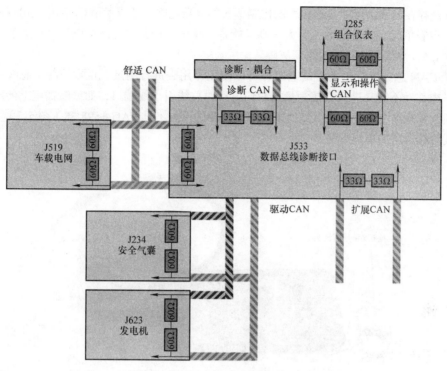

图 5-3 CAN 总线网络中的终端电阻

终端电阻的测量步骤如下：

1）将蓄电池的负极线拔除。
2）等待大约 5min，直到所有的电容器都充分放电。
3）连接万用表并测量总阻值。
4）将一个带有终端电阻控制单元的插头拔下来。
5）检测总的阻值是否发生变化。
6）将第一个控制单元（带有终端电阻）的插头连接好后，再将第二个控制单元的插头拔下来。
7）检测总的阻值是否发生变化。
8）分析测量结果。

以奥迪 A2 1.4 车型为例，测量 CAN-Antrieb 总线的总阻值。带有终端电阻的两个控制单元是连接相通的。测量的结果是每一个终端电阻大约为 120Ω，总阻值为 60Ω，如图 5-4 所示。通过该测量可以分析，连接电阻是正常的。需要注意的是终端电阻不一定都约为 120Ω，相应的阻值依赖于总线的结构。

在总的阻值测量后，当一个带有终端电阻控制单元的插头拔下后测量的阻值无变化，

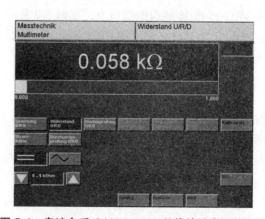

图 5-4 奥迪车系 CAN-Antrieb 总线终端电阻总阻值

则说明系统存在问题。可能是被拔取的控制单元的终端电阻损坏或者是 CAN 总线出现断路。如果在拔取控制单元后阻值变为无穷大，则可能是连接中的控制单元终端电阻损坏或者是到该控制单元的 CAN 总线数据传输线出现故障。

对于 CAN 总线系统中的终端电阻，可以使用万用表进行测量。正常情况下总线一般都隐藏在汽车内部，不容易进行直接测量。我们可以对总线引出线端口，如诊断插座上的端子或借助分离插头等检测工具。这里以奥迪车系总线检测的标配工具 VAG 1598/38（图 5-5）为例介绍汽车总线终端电阻的检测方法。

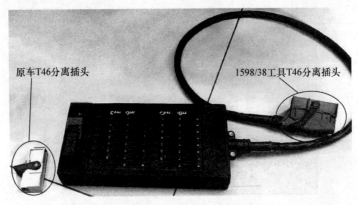

图 5-5　VAG 1598/38 实物图

VAG 1598/38 的优势在于能够将 CAN 总线上控制单元回路中的连接转换到自身上，通过自身上 CAN-High 与 CAN-Low 两排小插头的拔出与插入，来控制 CAN 总线网络中节点的通断，从而节省了人工查找线路的烦琐操作。VAG 1598/38 节点的连接插头如图 5-6 所示。

测量前，先将 VAG 1598/38 的连接插头插入被测试汽车的总线诊断插座上，然后在 VAG 1598/38 上安装被测试汽车的分离插头。完成连接后，将万用表插入 VAG 1598/38 相应的端口上，如图 5-7 所示。若测量的阻值为 58Ω，则表明 CAN-High 线与 CAN-Low 线之间的阻值正常。

图 5-6　VAG 1598/38 节点的连接插头

2. 总线电压的检测

CAN-High 驱动数据总线的主体电压是 2.5V。当有信号传输时，总线上的电压值会在 2.5～3.5V 之间高频波动。测量时，将万用表拨至电压档位，红表笔连接到 CAN-High 线分配器端口上，黑表笔与车身搭铁，测量的电压应为 2.7V 左右。

CAN-Low 驱动数据总线上有信号传输时，总线上的电压值会在 1.5～2.5V 之间高频波动。因此，万

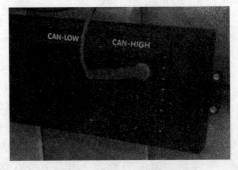

图 5-7　测量 CAN-High 线与 CAN-Low 线之间的终端电阻

用表的测量值在 1.5～2.5V 之间，小于 2.5 V 但靠近 2.5V。

3. 总线波形的检测

检测 CAN 总线波形信号时，一般采用测试仪或示波器测量总线数据信号的波形。例如采用双通道的示波器进行同步波形的测量，能够直观地观察 CAN 总线系统波形信号有无异常现象。

使用示波器测量 CAN 总线波形时，首先需要设置参数，点击测试仪界面上的通道 A 后，左下角选择 DOS1。点击测试仪界面上的通道 B，左下角选择 DOS2。完成参数设置后，将示波器的两支黑表笔搭铁，然后将连接 DOS1 的红表笔接在 CAN-High 线端口上，连接 DOS2 的红表笔接在 CAN-Low 线端口上，如图 5-8 所示。

最后通过示波器观察 CAN 总线的波形，正常情况下 CAN-High 线与 CAN-Low 线的波形大小相等、相位相反，如图 5-9 所示。在 CAN 总线上，信息传递是通过两个二进制逻辑状态 0（显性）和 1（隐性）来实现的，每个逻辑状态都对应于相应的电压值，控制单元利用两条线上的电压差来确认数据。

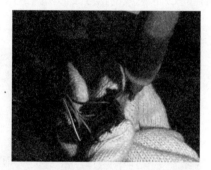

图 5-8　示波器表笔连接 CAN 总线插接器端口

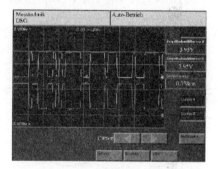

图 5-9　CAN 总线的标准波形

1）当 CAN-Low 数据总线对地短路时，检测到的 CAN 总线的信号波形如图 5-10 所示。

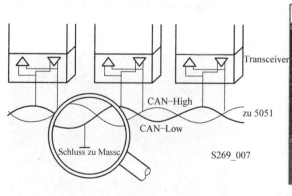

a) CAN 总线对地短路

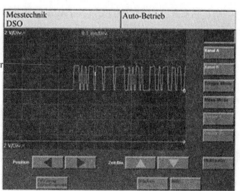

b) 对地短路时的信号波形

图 5-10　CAN-Low 总线对地短路及其信号波形

2）当 CAN-Low 总线对正极短路时，检测到的 CAN 总线的信号波形如图 5-11 所示。

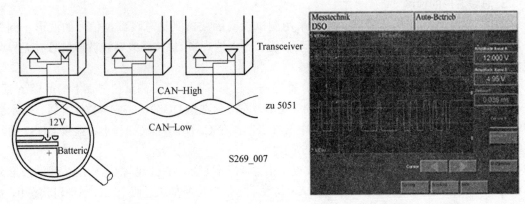

a) CAN总线对正极短路　　　　　　　　　　b) 对正极短路时的信号波形

图 5-11　CAN-Low 总线对正极短路及其信号波形

3）当 CAN 总线中的 CAN-Low 总线断路时，检测到的 CAN 总线的信号波形如图 5-12 所示。

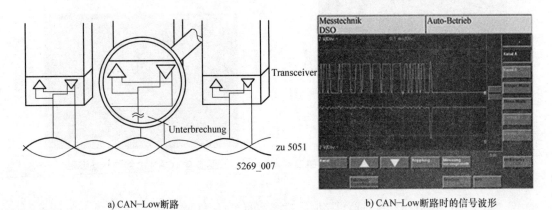

a) CAN-Low断路　　　　　　　　　　　　b) CAN-Low断路时的信号波形

图 5-12　CAN-Low 总线断路及其信号波形

4）当 CAN 总线中的 CAN-High 总线断路时，检测到的 CAN 总线的信号波形如图 5-13 所示。

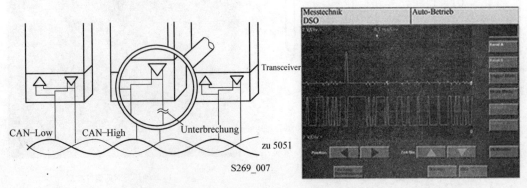

a) CAN-High断路　　　　　　　　　　　　b) CAN-High断路时的信号波形

图 5-13　CAN-High 总线断路及其信号波形

5）当 CAN-High 和 CAN-Low 短路时，检测到的 CAN 总线的信号波形如图 5-14 所示。

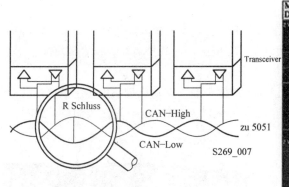 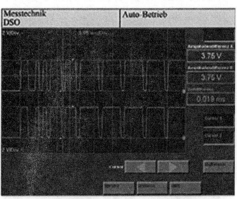

a）CAN-High 和 CAN-Low 短路　　　　b）CAN-High 和 CAN-Low 短路时的信号波形

图 5-14　CAN-High 和 CAN-Low 短路及其信号波形

6）当 CAN 总线处于睡眠模式时，检测到的 CAN 总线的信号波形如图 5-15 所示。

通过对汽车总线的波形信号进行检测分析，我们就可以判断出汽车 CAN 总线通信故障的原因。汽车总线故障波形总结如下：

① CAN-Low 总线对地短路。CAN-Low 总线的电压置于 0V、CAN-High 总线的电压电位正常，汽车网络通信系统在此故障下，变更为单线工作状态。

② CAN-High 总线对地短路。CAN-High 总线的电压置于 0V、CAN-Low 总线的电压电位正常，汽车网络通信系统在此故障下，变更为单线工作状态。

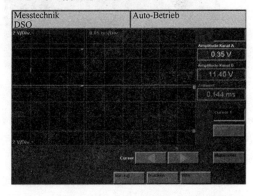

图 5-15　CAN 总线处于睡眠模式时的信号波形

③ CAN-Low 总线对正极短路。CAN-Low 总线的电压大约为 12V、CAN-High 总线的电压电位正常，汽车网络通信系统在此故障下，变更为单线工作状态。

④ CAN-High 总线对正极短路。CAN-High 总线的电压大约为 12V、CAN-Low 总线的电压电位正常，汽车网络通信系统在此故障下，变更为单线工作状态。

⑤ CAN-High 总线与 CAN-Low 总线相交。CAN-High 总线与 CAN-Low 总线两线波形呈现电压相等、波形相同、极性相同的特征。

5.1.3　CAN 总线系统的故障案例

汽车 CAN 总线系统的故障特点一是群死群伤，二是风马牛不相及。不宜用通常检修车辆的逻辑思维来诊断 CAN 总线系统故障。例如：一辆宝马 X5（E53 底盘），自动变速器不能升档，反复维修变速器仍不能解决问题。将发动机、自动变速器、ABS 控制单元逐一拆除，很快就发现是 ABS 故障。汽车网络总线系统出现故障时，有时故障现象与故障原因完全没有明确的逻辑联系。在进行故障维修之前，我们可以先使用故障诊断仪连接被测汽车的诊断接口，查看故障码后,能大致获取到汽车故障的信息。

1. 别克 GL8 发动机控制单元总线通信故障

1)故障现象。

一辆别克 GL8 汽车,轻按一键起动按钮给汽车上电后,发动机故障指示灯长亮,如图 5-16 所示。此后踩下制动踏板,长按一键起动按钮发动汽车时,汽车无法着车,仪表板黑屏。

2)故障诊断。

① 在进行故障排查前,维修技师将故障诊断仪的插头插入发动机控制单元连接总线的诊断插座上,其中 6 号端口为 CAN-High 连接线端口,14 号端口为 CAN-Low 连接线端口,如图 5-17 所示。

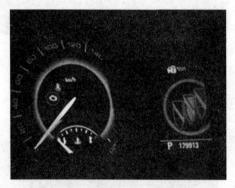

图 5-16 发动机故障指示灯长亮

图 5-17 诊断插座

② 在故障诊断仪上选择通用车型,等待信息加载完毕后,选择自动搜索,操作界面上会弹出一个 17 位的车辆识别码,维修技师与别克 GL8 前风窗玻璃的左下侧的车辆识别码进行对照,确认无误后点击确定。

③ 在快速测试模式下加载故障信息,等待故障信息加载完毕后,选择发动机控制单元。根据被测车型选择 2.4L 发动机识别码,之后读取故障码,如图 5-18 所示,故障诊断仪上显示的故障信息为发动机控制单元与变速器控制单元无法通信。

图 5-18 别克 GL8 汽车总线故障码

④ 维修技师查看相关的总线网络图,如图 5-19 所示。控制单元通过 39 号 CAN-High 总线、40 号 CAN-Low 总线依次连接自动变速器控制单元、电子自动控制单元、车身控制单元和诊断插座。

项目 5
网络通信系统故障诊断

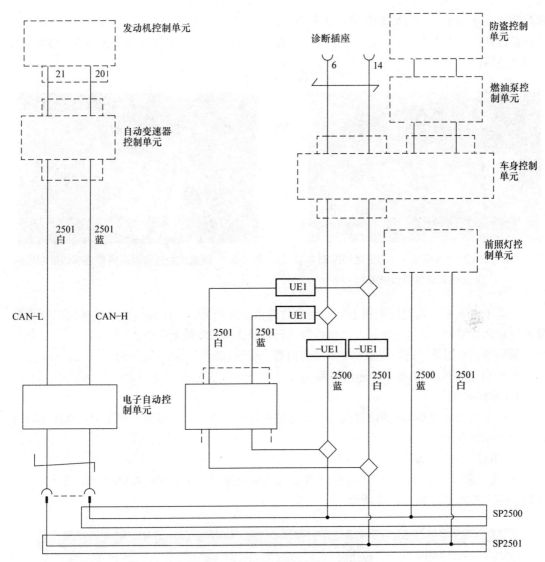

图 5-19 别克 GL8 总线网络连接图

3)故障维修。

了解总线连接布局后,维修技师使用万用表测量诊断插座上 6 号 CAN-High 与 14 号 CAN-Low 之间的终端电阻,测量的阻值为 120Ω。说明总线连接存在断路故障。结合故障诊断仪报出的发动机控制单元与变速器控制单元无法正常通信故障码,维修技师诊断为发动机控制单元总线连接存在断路故障。

技师进行维修时,先找到发动机控制单元与变速器控制单元之间的连接部分,并拔出总线通信插头,如图 5-20 所示。首先测量蓝色插头部分,用导线连接插头部分 20 号、21 号端口,之后连接到万用表两支表笔上,测量阻值为 120Ω 左右,如图 5-21 所示。表明发动机控制单元到变速器控制单元之间的总线封装电阻是正常的。然后使用万用表连接发动机控制单元蓝色插座上的 20 号、21 号端子,测量阻值为 120Ω 左右,表明发动机控制单元内部封装电阻是正常的。经过测量未发现任何故障,说明故障原因可能为插头与插座之间存在松动,导致接触不良。维修技师使用小号平口螺钉旋具对总线插头 20 号、21 号端子进行预紧后重新插入，维修技师再次测量诊断插座上总线的终端电阻，测量的阻值为 60Ω，说明发动机控制单元通信总线断路的问题已经解决。

图 5-20　拔出发动机控制单元与变速器控制单元之间的总线通信插头

图 5-21　测量总线通信插头内部连接的终端电阻

汽车上电观察，发现仪表板上的发动机故障指示灯熄灭，再次通过故障诊断仪进行检测，界面显示无故障码，系统正常，发动机控制单元总线通信故障修复完毕。

请同学们根据该车故障现象和本节所讲内容，填写诊断记录表（见附录）。

2. 大众迈腾驱动 CAN 总线通信故障

1）故障现象。

一辆里程将近 1000km 的迈腾汽车，在行驶过程中突然熄火。驾驶人重新进行点火起动时，发现汽车无法着车。

2）故障诊断。

① 技师进行维修前，使用 VAS5052 测试仪读取故障码，显示驱动 CAN 总线上的信息无法传输到多个控制器，如图 5-22 所示。

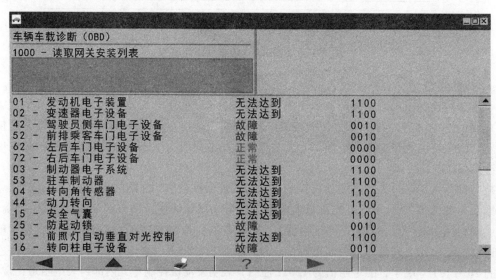

图 5-22　被测试迈腾汽车故障码显示

② 技师根据显示的故障码分析：驱动 CAN 总线信息无法传输到控制器，一般是由驱动 CAN 总线的控制器损坏或者驱动 CAN 总线发生故障导致的。鉴于该车为新车，控制器本身损坏的可能性较小，应将重点放在对汽车总线数据传输线的检测排查上。

③ 技师使用测试仪检测驱动 CAN 总线的信号波形，显示结果如图 5-23 所示，根据波形图分析，CAN-High 总线的电压电位被置于 12V（电源电压），能够得知驱动 CAN-High 总线对正极短路。

3）故障维修。

诊断出故障原因后，打开故障车左侧仪表后的主线束，在节点处逐一断开 CAN 总线进行排查，当断开变速器驱动 CAN 总线时，VAS5052 显示与驱动 CAN 总线的控制器均能够收到信息，故障码得以清除。

然后检查变速器驱动 CAN 总线，发现其附近的起动机线束上有一小段毛刺，刚好刺穿变速器 CAN 总线，使得变速器 CAN 总线与蓄电池正极短路，如图 5-24 所示。经过包扎处理后，迈腾汽车无法起动的故障得以解决。

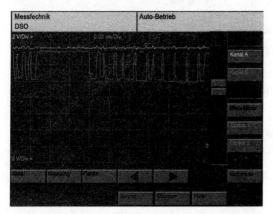 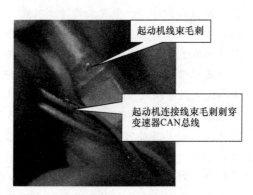

图 5-23 驱动 CAN-High 总线对正极短路波形图　　图 5-24 起动机连接线束毛刺刺穿变速器 CAN 总线

请同学们根据该车故障现象和本节所讲内容，填写诊断记录表（见附录）。

3. 宝马 730Li 停放后无法起动

1）故障现象。

一辆配置 M54 发动机的宝马 730Li 汽车，车主停车 4 小时左右重新起动车辆时，发现汽车无法起动，使用其他车辆的蓄电池进行跨接起动，汽车能够正常着车，然而停放一段时间后故障依旧出现。

2）故障诊断。

技师经过询问车主故障发生的现象、时间等信息，初步诊断为汽车蓄电池存在漏电问题。使用诊断仪执行休眠电流测试，当车辆进入休眠状态后，测的电流为 18A，数值严重过大。测量总线网络的信号电压，发现所有区域的网络电压都异常，高位线电压为 3.4V，低位线电压为 2.0V，说明车辆没有真正进入休眠状态。已知该车的总线唤醒信号是由宝马 CAS 控制单元发出的，唤醒信号电压是 12V 直流电压。对唤醒信号的电压进行测量，发现汽车进入休眠状态后，该电压仍为 12V，说明整车电子控制系统还处于工作状态。断开宝马 CAS 控制单元后，故障依旧，说明该电压并不是由宝马 CAS 控制单元输出的。接着检查动力总线部分，逐一断开动力总

线的控制单元,发现当断开驻车制动控制单元时,唤醒信号电压变为0V。技师分析驻车制动控制单元可能存在故障,造成唤醒信号电压始终被拉高,车辆无法进入休眠状态,停放后,因漏电导致蓄电池电量不足,汽车无法着车。

3)故障维修。

技师经过检测排查后,确定为驻车制动控制单元已经损坏,更换新的驻车制动控制单元后,等待汽车进入休眠模式,分别测量汽车的休眠电流与总线信号电压,数值均正常,故障已解决。

请同学们根据该车故障现象和本节所讲内容,填写诊断记录表(见附录)。

 课程育人

案例13 产品质量与"工匠精神"

中国人出境游,一个最大的特点就是,志不在风景而在购物。特别是在赴日旅游热中,中国游客热衷于购买日本各类日常用品的现象引起了热议。个中原因,除了价格外,主要是品牌和质量。中国游客境外"扫货",从本质上讲,是对中国产品的信任危机。

中国很多企业的产品质量为什么搞不好?原因虽然很多,但最终可以归结到一个方面上来,就是做事缺乏严谨的"工匠精神"。

我国已经成为世界第一制造业大国。尽管我们成了"世界工厂",贴着"中国制造"标签的产品在世界随处可见,大到汽车、电器制造,小到制笔、制鞋,国内许多产品的规模居于世界前列,但依然缺少真正中国创造的东西,甚至一些外国人将其等同于"山寨"产品。这严重损害了中国企业和中国品牌的形象。

为实现中国从全球制造大国到制造强国的跨越,2015年5月19日国务院正式印发《中国制造2025》,提出了中国政府实施制造强国战略的第一个十年行动纲领。中国要迎头赶上世界制造强国,成功实现中国制造2025战略目标,就必须在全社会大力弘扬以"工匠精神"为核心的职业精神。只有当"工匠精神"融入生产、设计、经营的每一个环节,实现由"重量"到"重质"的突围,中国制造才能赢得未来。

"工匠精神"的内涵:敬业、精益、专注、创新是从业者基于对职业的敬畏和热爱而产生的一种全身心投入、认认真真、尽职尽责的职业精神状态。中华民族历来有"敬业乐群""忠于职守"的传统和美德,也是当今社会主义核心价值观的基本要求之一。早在春秋时期,孔子就主张人在一生中始终要"执事敬""事思敬""修己以敬"。"执事敬",是指行事要严肃认真不怠慢;"事思敬",是指临事要专心致志不懈怠;"修己以敬",是指加强自身修养保持恭敬谦逊的态度。

精益,就是从业者对每件产品、每道工序都凝神聚力、精益求精、追求极致的职业品质。所谓没有最好只有更好。正如老子所说:"天下大事,必作于细"。能基业长青的企业,无不是精益求精才获得成功的。

专注,就是内心笃定而着眼于细节的耐心、执着、坚持的精神,这是一切"大国工匠"所必须具备的精神特质。从中外实践经验来看,工匠精神都意味着一种执着,即一种几十

项目 5 网络通信系统故障诊断

年如一日的坚持与韧性。"术业有专攻",一旦选定行业,就一门心思扎根下去,心无旁骛,在一个细分产品上不断积累优势,在各自领域成为"领头羊"。

创新,就是追求突破、追求革新。古往今来,热衷于创新和发明的工匠们一直是世界科研进步的重要推动力量。"汉字激光照排系统之父"王选,"中国第一、全球第二的蓄电池制造商"王传福,从事高铁研制生产的铁路工人,从事特高压和智能电网研究运行的电力工人等都是"工匠精神"的优秀传承者,他们让中国创新重新影响了世界。

在当代中国,需要全面传承和弘扬"工匠精神",不仅要让匠人在提高产品质量中发挥重要作用,还要以"工匠精神"鼓励实业领域引进世界高标准、打造世界名品牌。这样,才能真正实现质量强国目标。作为学生应该弘扬"工匠精神",在学习中一丝不苟,刻苦钻研,追求卓越。

5.2 LIN 总线系统的故障诊断

LIN 总线是由摩托罗拉(Motorola)与奥迪(Audi)等知名企业联手推出的一种低成本的开放式串行通信协议,用于实现汽车中的分布式电子系统控制,在车载网络中,LIN 总线主要为 CAN 总线提供辅助功能。

5.2.1 LIN 总线系统的故障原因

LIN 总线是一种辅助性的总线网络,采用非屏蔽的单根导线,能为不需要用到 CAN 总线的装置提供较为完善的网络功能。主要包括空调控制、后视镜、车门模块、座椅控制、智能性交换器、低成本传感器等。对带宽要求不高、功能简单和实时性要求低的部件,如车身电器的控制等方面,使用 LIN 总线可有效地简化网络线束、降低成本、提高网络通信效率和可靠性。

LIN 总线系统包含一个主节点和一个或多个从节点,如图 5-25 所示。所有节点都包含一个被分解为发送任务和接收任务的从属通信模块,而主节点还包含一个附加的主发送任务模块。在实时 LIN 总线数据传输中,通信总是由主任务发起的。

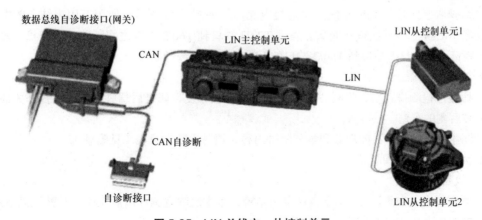

图 5-25 LIN 总线主、从控制单元

LIN 总线网络通信故障一般为控制单元故障或线路故障。对于线路故障，可分为：

1. LIN 总线短路故障

LIN 总线为单线传输，当与电源正极短路时，LIN 总线的电压会被拉高至 12V 电源电压；当与车身搭铁短路时，LIN 总线的电压会降低至 0V。在这两种情况下，LIN 总线网络均无法正常通信。

2. LIN 总线断路故障

当 LIN 总线在某处存在断路故障时，其电路下游所有从属控制单元均不能正常工作；当 LIN 总线在分支线路交叉点出现断路情况时，该分支线路的从属控制单元均不能正常工作。在实际的检测维修中，可以根据故障现象，结合 LIN 总线网络电路图，判断出 LIN 总线断路的大致位置。

5.2.2 LIN 总线系统的故障案例

对于汽车 LIN 总线的故障诊断维修，主要结合故障现象通过自诊断及专用的检测仪进行检测，然后通过人工经验和自诊断结果来排查故障。

1. 大众捷达车窗主控开关故障

1）故障现象。

一辆 2006 年款的捷达轿车，行驶里程 4 万 km，车主反映驾驶侧的主控开关无法控制右后侧的车窗。

2）故障诊断。

电动车窗升降器的工作方式主要分为两大类，一是开关或模块直接控制；二是由车载网路传输信号和电控单元控制。现代汽车偏向于智能化电子控制，其中电动车窗采用车载网络技术，这种控制方式涉及多个电控单元，工作的电路既有连接熔丝、开关、继电器和电动机的普通线束，又有 CAN 总线和 LIN 总线，线路布局比较复杂。

技师根据车主所描述的故障现象检测四门升降器，单独控制均正常，右后门开关可以单独控制，但左前主控开关不能控制右后门。另外，该车具有锁车后自动升窗功能，其网络连接是 LIN 总线连接，具备 K 线诊断功能。于是用 VAS 5051 诊断仪进入地址 46-舒适系统，进行故障查询，故障码为：V27- 右后门玻璃升降电动机故障。技师分析出故障点可能为线束损坏或控制单元出现了问题。

技师调取出捷达的 LIN 总线网络连接电路图，如图 5-26 所示。使用万用表结合图中的接线对故障车 LIN 总线导线进行测量，发现 T23/3 端口到 T6q/2 端口之间断路。经查找，发现在驾驶人座椅下的 T23/3 端口到 T6q/2 端口的 LIN 线存在机械性断裂。

3）故障维修。

技师经过检测排查后，将断裂的 LIN 线进行搭接修复，修复后驾驶侧车窗主控开关能够正常控制右后侧的车窗，故障解决。

请同学们根据该车故障现象和本节所讲内容，填写诊断记录表（见附录）。

2. 大众高尔夫空调故障

1）故障现象。

一辆高尔夫 A7 轿车，采用半自动空调系统，车主反映空调开启后压缩机及鼓风机不工作，空调控制面板上的 A/C 按键指示灯长亮。

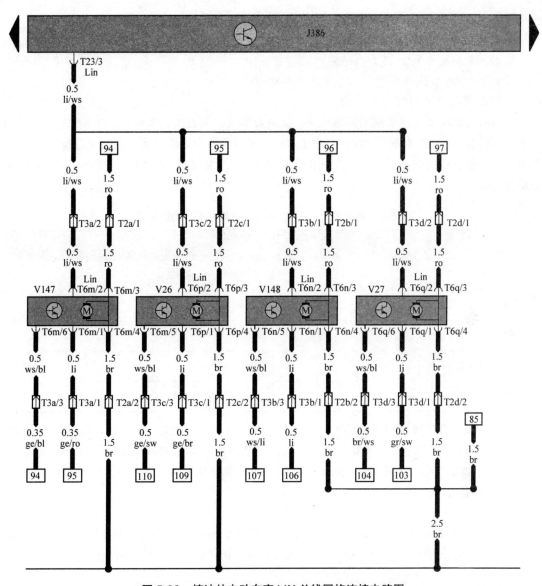

图 5-26 捷达的电动车窗 LIN 总线网络连接电路图

2）故障诊断。

维修前，技师先分析高尔夫 A7 轿车的空调控制系统采用的 LIN 总线通信系统结构，如图 5-27 所示。其中空调控制单元 J301 通过 LIN 总线将开关信号发送至高压压力传感器 G805 及鼓风机控制单元 J126 上，并通过电信号控制调整高压压力传感器 G805 及鼓风机控制单元 J126 的工作状态，空调控制单元 J301 通过舒适 CAN 总线连接网关 J533（电控单元），由电控单元激活散热器电风扇。

技师根据车主所描述的故障现象分析出可能存在

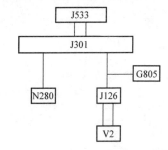

图 5-27 高尔夫 A7 空调控制电路原理图
J533—网关 J301—空调控制单元
J126—鼓风机控制单元 G805—高压压力传感器
N280—空调压缩机调节阀 V2—鼓风机电动机

的问题：

① 高压压力传感器 G805 存在故障。
② 鼓风机控制单元 J126 存在故障。
③ 舒适 CAN 总线或空调 LIN 总线线路本身故障。
④ 空调控制单元 J301 存在故障。

技师通过诊断仪连接车辆的诊断插座，读取数据流，如表 5-1 所示。自空调控制单元 J301 以下的控制单元 J126、传感器 G805 均报出故障，初步诊断为该段线路中的 LIN 总线出现问题。使用示波器检测该处线路的波形，发现电压始终为 0V，说明此处的 LIN 总线连接中存在对地短路的故障。

表 5-1　高尔夫 A7 空调控制单元故障状态下的数据流

检测项目	测量值
压缩机关闭条件	制冷剂压力传感器故障
压缩机电路，实际值（无显示）	0.0A
压缩机电流，规定值（无显示）	0.0A
制冷剂压力（无显示）	故障
鼓风机状态（无显示）	测量值不存在

技师依次断开鼓风机控制单元 J126、高压压力传感器 G805 插头。当断开高压压力传感器 G805 时，示波器显示的波形恢复正常。然后检测空调控制单元 J301 与高压压力传感器 G805 之间连接的 LIN 总线，未发现意外搭铁的线路故障，技师基本锁定高压压力传感器 G805 内部存在对地短路的故障。

3）故障维修。

技师经过检测排查后，更换新的高压压力传感器 G805，再次使用诊断仪读取数据流，如表 5-2 所示，故障码清除。打开空调后，压缩机及鼓风机正常工作，故障解决。

表 5-2　高尔夫 A7 空调控制单元正常状态下的数据流

检测项目	测量值
压缩机关闭条件	压缩机启用，不存在关闭条件
压缩机电路，实际值（无显示）	0.560A
压缩机电流，规定值（无显示）	0.555A
制冷剂压力（无显示）	12.6bar
鼓风机状态（无显示）	激活

请同学们根据该车故障现象和本节所讲内容，填写诊断记录表（见附录）。

附录
诊断记录表

故障描述		
项目	作业记录	备注
1. 前期准备		
2. 安全检查		
3. 故障现象确认	根据不同的故障范围,进行功能检测,并记录检测结果	
4. 故障码检查		
5. 正确读取故障码和清除故障码	当定格数据和动态数据中不存在反应故障码特征的相关数据时,应填"无"	
6. 确定故障范围	根据控制原理、电路图和维修手册等对故障现象进行分析判断可能的故障原因	
7. 基本检查	检查相关零部件外观、安装和线路连接等是否正常,并记录	
8. 部件测试	对怀疑的部件进行测试,并记录测试结果	
9. 电路测量	对怀疑的电路进行测量,并记录测试结果	
10. 确认故障部位	根据上述的检测结果,确认故障内容并注明	
11. 诊断结果报告		

参 考 文 献

[1] 贾锡祥，王琼．汽车综合故障诊断与维修 [M].南京：南京大学出版社，2014.
[2] 覃娅娟，聂进，刘宗正，等．汽车综合故障诊断技术 [M].杭州：浙江大学出版社，2016.
[3] 刘新宇，史懂深，梅玉颖，等．汽车综合故障诊断与修复 [M].北京：人民邮电出版社，2013.
[4] 杨永先．汽车故障诊断与综合检测 [M].2 版．北京：人民交通出版社，2019.
[5] 方锡邦，钱立君，孙俊，等．汽车检测技术与设备 [M].3 版．北京：人民交通出版社，2012.
[6] 姚道如，曾凡灵．汽车检测技术 [M].北京：机械工业出版社，2018.
[7] 关文达．汽车构造 [M].4 版．北京：机械工业出版社，2016.